中国少数民族人口丛书

哈尼族

翟振武 主编

罗淳 晋群/编著

中国人口出版社
China Population Publishing House
全国百佳出版单位

图书在版编目（CIP）数据

哈尼族/罗淳，晋群编著．—北京：中国人口出版社，2014.6（2022.7重印）

（中国少数民族人口丛书）

ISBN 978-7-5101-2572-0

Ⅰ.①哈…　Ⅱ.①罗…　②晋…　Ⅲ.①哈尼族—民族文化—中国　Ⅳ.①K285.4

中国版本图书馆 CIP 数据核字（2014）第 117738 号

中国少数民族人口丛书　哈尼族

ZHONGGUO SHAOSHU MINZU RENKOU CONGSHU　HANIZU

翟振武　主编　罗　淳　晋　群　编著

责任编辑　张宏文
美术编辑　刘海刚
责任印制　林　鑫　王艳如
出版发行　中国人口出版社
印　　刷　北京兴星伟业印刷有限公司
开　　本　710 毫米 ×1000 毫米　1/16
印　　张　9　插 1
字　　数　121 千字
版　　次　2014 年 6 月第 1 版
印　　次　2022 年 7 月第 2 次印刷
书　　号　ISBN 978-7-5101-2572-0
定　　价　38.00 元

网　　址　www.rkcbs.com.cn
电子信箱　rkcbs@126.com
总编室电话　(010) 83519392
发行部电话　(010) 83510481
传　　真　(010) 83538190
地　　址　北京市西城区广安门南街 80 号中加大厦
邮　　编　100054

中国少数民族人口丛书编委会

序

如果把一个民族比作一颗星星，那我们就是生活在一个繁星满天的世界。当今世界上有约 3000 个民族，分布在 200 多个国家和地区，绝大多数国家由多个民族组成。中国也是同样，是由各族人民共同缔造的统一的多民族国家。在漫漫的历史长河中，生活在中华大地上的各族人民密切往来、交流融合、团结奋斗、休戚与共，形成了一个伟大的强盛的中华民族大家庭，共同开发了祖国的美好河山，共同推动了国家的发展和社会的进步。

在中华民族的大家庭中，有 56 个成员，其中有 55 个是少数民族。新中国成立以来，少数民族人口一直持续增长。1953 年第一次全国人口普查时，少数民族人口总数为 3532 万人，占全国总人口的 6.1%。2010 年进行第六次全国人口普查时，少数民族人口总量达到了 1.14 亿，几乎是 1953 年的 3 倍，占到了全国 13.4 亿人口的 8.5%。各少数民族人口数量相差较大，如壮族有 1693 万人，回族 1059 万人，满族 1039 万人，维吾尔族 1007 万人，而赫哲族只有 5354 人，塔塔尔族 3556 人，独龙族 6930 人。中国各民族的人口分布呈现大散居、小聚居、交错杂居的特点。汉族地区有少数民族聚居，少数民族地区也有汉族居住；许多少数民族既有一块或几块聚居区，又散居全国各地。中国少数民族聚居区大都地广人稀，资源富集。少数民族地区的草原面积，森林和水力资源蕴藏量，以及天然气等基础储量，均超过或接近全国的一半。全国 2.2 万多公里陆地边界线中的 1.9 万公里在民族地区。全国的国家级自然保护区面积中民族地区占到 85%以上，是国家的重要生态屏障。中国各民族的起源和经济、社会、文化的发展有着本土性、多元性、多样性的特点，五彩缤纷，丰富多彩。

要全面认识中华民族，就要从认识每一个民族开始。正是从这个理念出发，我们编写了这套《中国少数民族人口》大型系列丛书，力图从历史、文化、经济、社会等各个方面，用准确、科学、生动的语言，全方位描述和展现各少数民族灿烂辉煌的历史和现状，编织出一幅绚丽多彩的中华民族大家庭的“全家福”。

编写这样一套大型系列丛书，难度非同一般。几经论证和深入研讨，最终形成了编写大纲，这套丛书各个分卷的作者绝大多数由少数民族作家担任，他们不仅熟悉自己民族的历史和文化，而且对本民族有深厚的感情。在国家新闻出版总署、国家人口计生委和中国人口出版社的大力支持下，作者们历经数年，几易其稿，终成此书。值此丛书出版之际，我们衷心地祈愿这幅“全家福”能为民族的交流和团结，为中国的文化建设，为整个中华民族的繁荣昌盛，作出一份微薄的贡献。

翟振武

2012 年 5 月于北京

PREFACE

Every nationality sparkles like a star in the firmament. Now we have about 3000 stars distributed across the world in more than 200 countries, most of which are multinational. So is China, which consists of a number of nationalities. For centuries, all the nationalities have lived together, worked together and fought together, making China a prosperous unified multinational country.

Of all the 56 nationalities in China, 55 are minorities whose population has been increasing since the founding of The People's Republic of China. According to the first census in 1953, the minority population was about 35. 32 million, accounting for 6. 1 percent of China's total population. By 2010, the number had almost tripled. According to the sixth census, the population of the minorities amounted to 114 million, making up 8. 5 percent of the 1. 34 billion people in China. The population size of minority groups varies a lot. Some of them have a large population, for example, the Zhuang Nationality has a population of 16. 93 million; the Hui has 10. 59 million people and the Manchu consists of 10. 39 million people. Some of the minorities are quite small, such as the Hezhe, the Tatar and the Drung nationalities, which have populations of 5354, 3556 and 6930, respectively. China's nationalities live together over vast areas with some living in individual, concentrated communities in small areas.

Some minorities' concentrated communities are scattered among the Hans, and some Han people also live in the minority communities. Some minorities may have one or more concentrated communities, while their people spread all over the country. Most minorities' concentrated communities have their people sparsely distributed in large areas with abundant resources. The grassland, forest, water and natural gas reserves in areas inhabited by minority people account for about half of China's total. Further, 19 000 kilometers of the nation's 22 000-kilometer land boundary are in minorities' communities. In addition, 85 percent of the country's state-level natural reserves are in the minority areas, making the people important guardians of China's ecology. Each of the nationalities' origin is unique, and their development of economy, society and culture is full of variety.

Only by learning every aspect of the minorities' lifestyle can we have a comprehensive understanding of the Chinese nation. Under this notion, we write this series of books on the Population of China's Minorities to provide a detailed picture of our Chinese nation, with the glorious past and prosperous present of the country's minorities.

It is through trials and tribulations that we write this spectacular series of books. Most of the authors, who have profound knowledge of the minorities and wrote the books with their strong emotions, are members of minority groups. With the great support of the National Publication Foundation, the National Population and Family Planning Commission and China Population Publishing House, the authors completed the books after years of unremitting endeavor.

On the publication of this series of books, we are looking forward to seeing these books contribute to the unity of the Chinese nation and help our country flourish in the future.

Zhenwu Zhai
Beijing
May 2012

目录

Contents

综　述

哈尼族是一个历史悠久且极富韧性和创造力的民族。千百年来，这支来自“努玛阿美”的民族在不断地迁徙、融合与分化中发展壮大，最终选择彩云之南红河两岸的崇山峻岭作为定居之所，在这里，他们以山为伴，耕耘劳作，生息繁衍，与云南各族人民一道，为祖国山河的壮丽多姿添上了浓墨重彩的一笔。

第六次全国人口普查资料显示，截至2010年，全国哈尼族人口总数已达到166万，其中98.2%分布于云南境内。主要聚居在云南省红河哈尼族彝族自治州、思茅市、玉溪市和西双版纳傣族自治州。为了保护和促进哈尼族的发展，国家在云南全省设立了一个哈尼族自治州，五个哈尼族自治县及若干个哈尼族自治乡。在云南39万千米公里的红土地上，哈尼族聚居的区域遍布滇中和滇南，约占云南全省面积的1/4。

千百年来，勤劳智慧的哈尼民族世代以大山为伴，以梯田为生。在陡峭的山坡上开山造田，凿渠引水，其难度之大可想而知。但哈尼族先民凭借着山一样的坚韧和水一般的灵性，在开山垦田的过程中始终把握“人与自然和谐共存”的平衡点，创造出令世人叹为观止的千秋杰作。哈尼梯田被明代农学家徐光启列为中国农耕史上的七大田制之一。今天的哈尼梯田规模宏大、气势磅礴，绵延整个红河南岸的红河、元阳、绿春及金平等县域，仅元阳县境内就有 19 万亩，是红河哈尼梯田的核心区。自 20 世纪 80 年代以来，元阳哈尼族梯田的知名度日渐提高，吸引国内外专家学者和游客纷至沓来，成为封闭的哀牢山区通向世界的一道光亮，围绕梯田的旅游、文化研讨等活动层出不穷，来自不同国家和地区的游人和专家学者均为其景观的壮丽与文化的丰富所折服。1995 年，法国人类学家欧也纳博士慕名专访红河，面对着脚下万亩磅礴大气、点线相谐的梯田激动不已，久久不肯离去，称“哈尼族的梯田是真正的大地艺术，是真正的大地雕塑，而哈尼族不愧为真正的大地艺术家”。2010 年，哈尼稻作梯田系统被联合国粮农组织列为“全球重要农业文化遗产保护试点”。2013 年，红河哈尼梯田被国务院确定为中国申报世界文化遗产的项目。

哈尼族人民待人诚恳、热情好客，有好东西总乐意与人分享。在所有哈尼族的待客风俗中，最富有民族特色的首推“长街宴”（亦称“街心宴”）。“长街宴”是哈尼族最具特色的传统节庆活动，每到“十月年”来临，哈尼人家都会在寨中心摆上长长的酒宴，全村共饮同乐，庆祝象征团结和睦、吉祥幸福的传统节日。

聚居于大山之中的哈尼族深知仅凭小群体的力量无法与大自然相抗衡，因此在长期的生产生活实践中，形成了哈尼族互相帮助的良好风尚。“阿纠纠”在哈尼语中意为“调节轮换劳动力”，即在生产的紧要关头，不管哪家缺乏劳动力，一时忙不过来，只要招呼一声，整个村子的人都会来帮忙。如此循环互助、调节互帮，以免延误生产时节。这是哈尼族社会生产活动中必不可少的一种传统风尚，它有效地调节了劳动力，促成了劳动力的合理利用。除了“阿纠纠”这种互帮互助、齐心协力的劳作形式之外，在人际交往中，哈尼族也十分讲究待客的礼节。他们认为客人到家来是“格朗”（幸福和吉祥）来临的征兆。

“认舅舅”就是哈尼人的一种充满趣味和善意的民间风俗。在夏日的黄昏或是初春的早晨，如果你路过哈尼山寨，可能在路边偶遇身背幼儿的哈尼少妇，并随手抓一把炒黄豆给你吃。这时千万不要大惊小怪，因为这是哈尼妇女在“认舅舅”，旨在表达友好和敬意。

云南哀牢山的哈尼族山寨　（罗小韵摄）

有这样一种说法是：“傣族住在山脚（坝子）；拉祜族住在山顶；哈尼族聚居在半山腰。”对照现实，这种说法对拉祜族并不完全正确，但对于哈尼族来讲，都是一语中的，非常之贴切。确实，世居大山深处的哈尼人多选择在半山腰上建寨定居，山顶高处是涵养水源的森林，森林之下是星罗棋布的村寨，村寨之下就是连片的梯田，而蜿蜒迂回在山间的大小沟渠，就好像纽带一般将森林、村寨、梯田三者紧密串联在一起。

每每旭日东升，系在重重大山腰间的哈尼村寨就在云蒸雾绕中醒来，若隐若现，宛若仙居；每当夕阳西下，山腰上的哈尼村寨就被渲染得金光灿灿，褐色的蘑菇房好似被镶上了一层“金边”，股股炊烟从房顶袅绕升起，亦真亦幻，煞是迷人；而当夜幕低垂，哈尼山寨变得格外宁静而安详，劳作了一天的人们在倦意中伴着希望渐入梦乡，仿佛一切都趁着夜色被收纳在了大山的怀抱中。

在生产力不发达和知识认知十分有限的情况下，人们将变幻莫测的自然力视为各种神灵，认为世间万物皆有灵，因此对大自然充满虔诚的敬畏之心。哈尼族聚居于大山之中，村寨周围山高谷深，浓密的森林、阴森的箐谷、湍急的河流……充满神秘且相依相存的生存环境，让哈尼族在最初的世界认知中形成了“万物有灵”的自然崇拜观。哈尼族有多种祭拜仪式，诸如选址建寨时“驱逐鬼魂”的“丈口勒”仪式，祭祀寨神的“昂玛拖”仪式。在这些宗教祭祀活动中都少不了一个重要的角色——“贝玛”。贝玛是哈尼文化传承中不可或缺的主要角色，他们既是组织哈尼族原始宗教祭祀活动的主持者，也是哈尼族历史文化知识的传承人和传播者。贝玛不仅能诵读各种宗教祭词，也能流畅地背诵长达数万行的民间诗歌，在没有文字记载历史的哈尼族发展进程中，他们堪称本民族的历史学家、文学家，深受尊敬和拥戴。

哈尼族又是一个崇尚自由，注重家庭观念和宗族传承的民族。年轻人可以自由恋爱，哈尼少女可以在她们的爱情小屋“扭然”里与心上人相会，也可以参与哈尼族奕车支系青年人的“阿巴多”活动。历史上盛行“幼子继承”和“父子连名制”则反映了哈尼族对家庭与宗族的强烈认同。在哈尼族的人生礼仪中，死者葬礼被赋予了更丰富的蕴含。哈尼族认为：“人生在世一辈子，死在阴间得永生。”因此，死仅仅是跨向另一世界的门槛，人的灵魂永不灭，因而要举行盛大的葬礼

新中国成立以来，国家对少数民族地区给予了一系列政策扶持，

尤其是每一次历史机遇都对哈尼山乡产生了显著的影响。伴随改革开放，哈尼社会也在与时俱进中改变着，生育模式正在从“早密多”向“晚稀少”转变；妇女地位伴随现代教育普及而提高；对人口发展的认识也从数量增长向民族繁荣转变。诚然，任何民族的真正繁荣与发展都必须最终建立在该民族自身的内在努力之上，而不能总是依靠“输血”式的外在动力。实践证明，各民族的繁荣与发展固然应该抓住历史机遇，但不能等待，更不能依赖机遇，而应该努力把每一次外在的机遇转化为内在的发展驱动力，变“要我发展”为“我要发展”。说到底，哈尼族的未来就蕴藏于哈尼人自身的认识创新与实践变革之中，而哈尼族的似锦前程最终只可能出自哈尼人对美好未来的不懈追求与创造之中。

2009 年 7 月，胡锦涛同志在云南省考察时指出：“要充分发挥云南作为我国通往东南亚、南亚重要陆上通道的优势，深化同东南亚、南亚和湄公河次区域的交流合作，不断提升沿边开放质量和水平，使云南成为我国通向西南开放的重要桥头堡。”随后，云南省委八届八次全会确立了建设“中国面向西南开放桥头堡”的发展规划。以胡锦涛讲话精神为指导，云南的“桥头堡”定位正式成为国家级的发展定位。2011 年 5 月 6 日，国务院批准并出台了《国务院关于支持云南省加快建设面向西南开放重要桥头堡的意见》，并从五个方面明确提出了发展战略定位。由于哈尼族聚集区多位于内地通往南亚和东南亚的国际大通道上，因此“桥头堡”战略将长期处在发展边缘或利益末端的哈尼族地区直接推到了发展的最前沿。在当前中国城镇化进程加速的大背景下，红河哈尼族彝族自治州政府提出“个（旧）、开（远）蒙（自）城市群”的建设构想，并已付诸实施。相信这种城市重组必将带动哈尼族地区的大发展。

巍巍的哀牢山延绵千里，托举着哈尼人的梦想直上云霄；滔滔的红河水日夜奔腾，承载着哈尼人的希望一路向南。这并不是悠然回荡在哈尼山寨，传唱了千年的哈尼族古老民谣，却似集结力量的时代颂词，激励着新一代哈尼人承前启后、与时俱进，奋力开创幸福美好的明天。至此，愿送上我们最真诚的祝福。

第一章

从“努玛阿美”走来

哈尼族是一个历史悠久且极富韧性和创造力的民族。2010年第六次全国人口普查资料显示，全国哈尼族人口总数已经达到166万人，其中98.2%分布于云南省境内，共计163万人，这表明，哈尼族不仅是全国55个少数民族中人口逾百万的18个少数民族之一，同时又是聚居于云南省内的15个独有的少数民族之一，其人口规模在云南15个独有少数民族中仅次于白族，位居第二。

千百年来，这支来自“努玛阿美”（亦有文献表述为“阿马诺美”或“努美阿玛”。这有可能是源于不同区域的口音表述变异）[①] 的民族在不断地迁徙、融合与分化中发展壮大，最终选择云南红河两岸的崇山峻岭作为定居之所，在这里，他们以山为伴，耕耘劳作，生息繁衍，与云南各族人民一道，为祖国山河的壮丽多姿添上了浓墨重彩的一笔。在全球化浪潮扑面袭来的新世纪，任何民族都不可避免地被卷入其中，只有以开放的心态面对挑战，积极参与全球化，才有可能在发展中赢得主动，立于世界民族之林。

---

① 云南省历史研究所编著．云南少数民族．云南人民出版社，1983：82.

蜿蜒流淌的红河水，承载着哈尼民族的历史记忆与现实憧憬，从哀牢山间穿流而过，奔腾向南……

第一节 “哈尼”族称的由来

“哈尼”这一族称的产生有着深远的历史、社会和文化背景。伴随迁居环境、族际交往、文化融合的历史演进，哈尼族内部形成了多种称谓，自称和他称有哈尼、爱尼（雅尼）、豪尼、和尼、觉围、觉交、碧约、卡多、布都、奕车、白宏（布孔）、腊米、糯米、糯美、期的、各和、哈欧、卡别等30多种。其中，以自称“哈尼”的人数最多，而“豪尼”、“和尼”、“雅尼”与哈尼实为一词，只是方音不同，汉字写法不同而已。

据汉文史籍记载，历史上哈尼族族称有和夷、和蛮、阿泥、窝泥、斡泥、俄泥、倭泥、和泥、禾泥、阿木、哈泥等十余种，其中以“窝泥”一词最常见，其和、阿、窝、斡、俄、倭、禾、哈都从“和”音，为“和人”之意（著名史学家方国瑜先生认为：“‘和’字‘歌’韵，古音歌韵读开口呼，后来有部分的字演变读合口呼，也就是今音o读为a，亦即‘和’的古音读为‘哈’。”含义均为“和人”）。[①] 可见这些历史族称与今日哈尼族名称是同出一词的。在漫长的历史发展进程中，尽管各地哈尼族的称谓发生了一些变化，但在大部分地区，还是沿用“哈尼族”这一称谓，并成为今日全国统一的哈尼族族称。

那么，“哈尼”在哈尼语中是什么意思呢？原始的图腾崇拜是哈尼族原始族称的源头。语言研究的历史考证发现，哈尼语中的“哈尼”一词指向的是构成飞禽走兽、力量、人以及女性名称的词素，比如，在滇南哀牢山一带生活的哈尼族中，他们称“鸟”为“哈资”，称“鹌

---

① 雷兵著．哈尼文化史．云南民族出版社，2002：3.

鹀”为“哈木”，称“喜鹊”为“哈加”，称“乌鸦”为“哈纳”[①] ……被称作“无字历史”的哈尼族父子连名系谱中，也有不少父子相连的名字是直接以飞禽走兽的名称来命名的。例如，哀牢山东麓元江哈尼族彝族傣族自治县哈施村的哈尼族农民李堂沙谱系第18代世系名为浩木然，“浩木”（即哈木），哈尼语是鹌鹑，“然”为儿，即鹌鹑儿；元阳县麻栗寨的哈尼族农民李黑者谱系第21代世系——浩然搓，其中“浩”同样是鹌鹑，“然”为儿，“搓”是人，即鹌鹑生的人。

今天哈尼族聚居的云南哀牢山区，依然古木参天、林深枝繁。由此完全可以想象，在哈尼族先民生活的远古时代，这里更是森林密布，生活栖息着大量的鸟禽走兽，远古哈尼人在他们日常的生产生活中，随时与鹌鹑等雀鸟相伴，亲切感油然而生，用鹌鹑来称呼自己的世系也就顺理成章了。

其实，在哈尼族的不少神话传说中也大量地反映了人与虎、豹、熊等猛兽的密切关系。只是，与雀鸟不同，这些凶猛的野兽带给哈尼族先民的，不是亲切而是对生命的威胁。威胁慢慢地生发成敬畏，敬畏又逐渐演化为崇拜。所以，哈尼族先民也会用这些猛兽的名称作为自己的名字，其中最有代表性的就是“哈”，这个出现在很多氏族徽号中的字眼，在哈尼语中含有强悍、勇猛和力量的意思，哈尼人用“哈”来表示自己也像这类猛兽一样强悍、勇猛而有力。

“哈尼”一词中的后一个字——“尼”在哈尼语中意为“人”，尤其指向“女性”这一性别角色，这与哈尼族从母系氏族发展而来的历史不无关系。哈尼人传说，“木玛”（“木”为天，“玛”为母亲）是哈尼族的始祖，当天地被洪水摧毁，一对兄妹结成夫妻，成为后世人类子孙的始祖，而负责生育的妹妹成为人类之母。对女性的尊重在今天哈尼族人的日常称呼中依然可见一斑，比如，汉族常常使用的“夫妻”

① 毛佑全著．哈尼族文化初探．云南民族出版社，1991：2.

一词，到了哈尼人口中就变成了“妻夫”（哈尼语中为“哈迷哈学”，“迷”即“尼”），妻排在前，夫排在后。

总之，“哈尼”是个复合词，两个音节都有意义。第一音节“哈”源出于飞禽走兽的名称，表示动物类别的意思，反映出古代哈尼族先民对人与自然界动物的密切关系的认识；第二音节“尼”表示了女性和人的意思，它既是哈尼族从母系氏族社会发展演变而来的真实记录，也是哈尼族人自古以来以妇女为尊的一种反映。

第二节　艰难迁徙中的民族分布

公元前3世纪，伴随着秦国的野心和势力扩张，越来越多的部落相继被秦国征服，这种征服的范围不断扩大，自秦岭一带向西部地区延展。原居住在青、甘、藏高原的氐羌部落不得不“畏秦南迁”，并在不断向南迁徙的过程中，分化出多样的氏族支系，散布在川西南、滇西北和滇东北的广大地区，成为今日集中分布在四川、云南等境内的彝族、纳西族等少数民族共同的祖先，这其中也包括哈尼族。这一段历史被明确地记载在很多史籍中，现代研究认为，史籍中出现的“和夷”，指的就是哈尼族先民。

哀牢山区流传至今的哈尼族民间传说，与上述记载基本吻合。相传哈尼族的祖先“和夷”部族，游牧于遥远北方一个叫“努玛阿美”(哈尼族原语称作“哈尼纠的努玛阿美”，“纠的”二字意为“人种萌发”或“人种诞生”，全句意为“哈尼人种诞生在努玛阿美之地”或“努玛阿美是哈尼人种的萌发地”，即指今四川省西南安宁河岸地区，包括越嶲、冕宁、西昌、德昌、会理等地区。安宁河，明代尚称阿泥河，就因为历史上长期居住阿尼族而得名)① 的地方，尔后逐渐南迁，

①② 毛佑全著．哈尼族文化初探．云南民族出版社，1991：8.

经"谷哈"（哈尼族传说中迁徙经过的地名，当指大理洱海沿岸和昆明滇池岸边广大地区）[②]分路南下散居于滇南、滇东南各地。"努玛阿美"在哈尼族语中是"哈尼人种萌发"或"哈尼人种诞生"的意思，从哈尼族的历史及其由北向南迁徙的路线分析，"努玛阿美"大概位于今大渡河之南、雅砻江之东所源出的连三海周围，或大渡河与金沙江交汇的地区。公元前3世纪，哈尼族分两条路线再度南迁，一条即早先的"和夷"自川西南迁经昆明一带，再往南迁至滇东南的六诏山地区；另一条是自滇西北南迁经大理湖滨平坝，然后又分别南下到今哀牢山、无量山区的景东、新平、镇沅、景谷、和建水、石屏、蒙自，继而至元江、墨江、红河、元阳、江城及西双版纳等地。

长途的迁徙，家乡的远离，深深地印刻到了哈尼人的血液之中，他们一代代传诵着祖先的故事，一代代重复着祖先的命运。《哈尼阿培聪坡坡》（"阿培"意为"祖先"，"聪坡坡"意为从一处搬迁到另一处，也有逃难之意。"哈尼阿培聪坡坡"即为哈尼祖先的迁徙）是一部发掘整理较早、流传较广泛的哈尼族迁徙史诗，5000余行如歌如泣的叙事中，诉说着哈尼族流传了千年的故事：哈尼祖先出生在一个叫虎尼虎的地方，在那里，一个叫"塔婆"的女人生养了世人，"她最心疼的是哈尼，哈尼生在肚脐眼儿里，祖祖辈辈不受风霜"。为了寻找食物，哈尼人离开虎尼虎出生地，向南迁徙到什虽湖边，开始了农耕的新生活。但灾害和族群争斗又让哈尼人不得不相继离开什虽湖边，一路走过嘎鲁嘎则、惹罗，来到了阿马诺美，在这里，哈尼社会得到很大发展，社会职能结构完善，人口增加、地域扩展，成为哈尼族历史发展的一个重要时期。但美好的生活还是没有持续太长时间，大约13代后，外族的入侵让哈尼祖先再次南迁，走过那要，经过石七，短暂的停歇之后，始终是不停地一路往南。对于哈尼人这般迁徙的命运，史诗这样唱道：

多灾多难的哈尼啊，
我们像细脚的麂子，
被人撵过数不清的上岗；
为了不给蒲尼杀完，
为了不让哈尼死光，
兄弟姐妹不能再次欢聚一堂，
头人领着子孙各去一方！
……
离了，离了，
亲亲的兄弟姐妹，
先祖离开了石七地方！
走了，走了，
亲亲的哈尼后代，
先祖像山水淌向四面八方！
……

哈尼祖先南迁的过程中，尽可能地寻找新的山岗筑村建寨，以实现哈尼人的世代繁衍。一如史诗中的记载：

尼阿多的哈尼各去一方，
江外最清最甜的水边，
到处都有哈尼的子孙，
到处都有哈八在唱。
……
大寨生出小寨，
小寨生出新寨；

大寨是小寨的阿哥，
小寨是新寨的亲娘；
哈尼寨子布满哀牢山，
像数不清的星星缀在天上。
……

这样的命运，这样面对命运的波折却始终如一的乐观和积极，也出现在《哈尼先祖过江来》,[①]《十二奴局》[②] 等哈尼族民间广泛流传的迁徙史诗中，它们以哈尼人独特的表达方式不同程度地叙述了哈尼族先祖自北向南的迁徙历史。

历史上，哈尼族的迁徙并没有止步于云南，作为一个跨界民族，哈尼族在东南亚诸国都有分布。据相关文献研究显示[③]，在 20 世纪 90 年代，与云南省接壤的缅甸有哈尼族 6 万人，称之为“高”，大部分住在缅甸东掸邦，以景栋地区人数最多；越南有哈尼族 9500 人，居住在越、中、老三国交界越南一侧的地区；泰国有哈尼族 2 万人，大部分住在清莱府；老挝有哈尼族 1 万人，称为“卡果”，主要居住在丰沙里、琅南塔、乌多姆塞三省。尽管由于国界分割，使东南亚诸国的哈尼族分属不同国籍，但基于共同的族源和相通的文化，边境两端的哈尼族始终保持着密切的联系，跨界交往频繁，诸如联姻通婚、互市交易、节庆分享等民间活动从未间断过。

当今国内的哈尼族主要聚居在云南省红河哈尼族彝族自治州、思茅市、玉溪市和西双版纳傣族自治州。为了保护和促进哈尼族发展，国家在云南省设立了 1 个哈尼族自治州，5 个哈尼族自治县及若干个哈

① 红河州文联、教育局．红河州民族民间文学选集．1981.

② 赵官禄．十二奴局．云南人民出版社，2009 年．

③ 方铁．云南境内外跨境民族的分布、来源及其对云南边疆稳定的影响．中国边疆研究通报．新疆人民出版社，1998.

尼族自治乡。据2010年第六次全国人口普查，作为哈尼族最主要聚居地的红河哈尼族彝族自治州有哈尼族人口789 702人，占云南全省哈尼族人口的48.46%；分县观察，墨江哈尼族自治县、江城哈尼族彝族自治县、元江哈尼族彝族傣族自治县、宁洱哈尼族彝族自治县和镇沅彝族哈尼族拉祜族自治县的哈尼族人口，分别为222 174人、57 473人、89 515人、45 998人和25 394人。此外，哈尼族聚居人口超过万人的还有勐海、景洪、澜沧、勐腊、景东、新平、思茅、峨山等县、市、区。在云南39万平方千米的红土地上，哈尼族聚居的区域遍布滇中和滇南，约占云南全省面积的1/4。

第三节　世代更迭中的民族繁衍

不断南迁的哈尼祖先，与很多民族的发展一样，完成了从母系氏族社会向父系氏族社会的过渡；也与很多地处边疆的少数民族部落一样，保持自身独立性的同时，在与中原的交往中，将自己的命运烙上了与祖先不同的印迹。

隋唐时期，哈尼族与彝族的先民同被称为“乌蛮”。唐朝初期，滇东南六诏山区出现“和蛮”部族，曾多次向唐朝贡奉物品，与中原有着经济和政治上的联系。南诏崛起后，“和蛮”直接隶属南诏，与滇东北和滇南的彝族一起，被称为“三十七部”，其中的因远（居今元江、墨江）、思陀（红河）、溪处（元阳、金平）、伴溪、落恐（绿春）、维摩（丘北、泸西、广南）、教合（文山、砚山、西畴）、王弄山（马关、屏边）等七部的大部分均为“和泥”，其余三十部为彝族的先民[①]。此后，“和泥”逐渐成为哈尼族的一个自称，特别是在唐代至清代年间最为流行。以此为标识，哈尼族开始从“乌蛮”族群中逐渐分化出来，

---

① 云南省历史研究所编著．云南少数民族．云南人民出版社，1983：82～83.

散布于哀牢山与无量山区广袤的崇山峻岭中，以农牧业和采茶业为主要的生产手段，同时饲养家畜和家禽，并相继出现了银生、开南、威远等古城邑。

但是，田原牧歌并不是和尼的全部生活，作为“三十七部”的成员，他们也是南诏通海节度使段思平攻城拔寨的主力。10世纪，“三十七部”会盟于滇东石城（今曲靖），举兵向西，直驱洱海，于937年摧毁了杨氏“大义宁国”的最后一个奴隶制政权，在云南建立了大理段氏的封建领主政权。“三十七部”因功得到大理国段氏分封，开始建立起自己的领主制度，和泥自然没有例外。

13世纪中叶，元朝灭大理段氏政权，统一诸都，设云南行省。当时哀牢山区的因远、思陀、溪处、落恐等多个和泥部落已经进入封建领主社会，其中又以因远部最强大，自称“罗槃国”，这些和泥领主成为抵抗元朝势力南征的顽强力量，直至1256年，元朝才逐步平定各地和泥势力，并在罗槃甸设立元江万户府，在落恐、溪处等地设置正副万户府等统治机构，命和泥首领为当地土官，直接隶属云南行省。后又将元江万户府改为元江军民总管府和元江路，统辖哀牢山区和泥各部。至此，原本散落于山野林间、自由自在的和泥部族，开始逐步纳入了中央政府的管辖，在原本如天然屏障般的崇山峻岭之中，一扇通向中原地区的大门打开了。

和泥与中原的交往在明代变得更为频繁。明朝的建国者在大业刚稳之时，即开始在云南实行军屯、民屯，开垦荒地，奖励农桑，兴修水利，发展生产，并调集大量江西、南京等内地汉族进入西南少数民族聚集区，遂将中原先进的生产工具和农业技术带入哈尼族地区，从而极大地促进了和泥等各少数民族的社会经济发展。明永乐11年（1413年），和泥教化长官司土官龙者宁进京入贡，瞻仰诸国。京城之行令龙者宁眼界大开，返乡后即开始兴学校、建文庙，在和泥山区引入和传授中原文化，推行中原的经济和社会制度。至 14 世纪中叶以后，墨江、元江、新平、普洱一带，已开始出现由原来的封建领主制度向封建地主经济过渡的萌芽。

1659 年，清军进逼昆明，和泥头人龙韬等联合六诏、哀牢山区的哈尼族、彝族推举州（华宁）土官禄昌贤为首领，举行反清起义。起义最终被清廷镇压，六诏山区各土官领地也被废除，清政府在当地实行改土归流，分属开化、广西两府，从此结束了和泥龙氏在滇东南近五百年的统治。改土归流进一步推动了当地封建领主经济向封建地主经济的转变，这既是当时社会经济发展的大趋势，也在客观上符合了当地社会经济发展的需要。清政府在哀牢山和泥地区也实行了废除本地土官的做法，只有在偏远的思陀、溪处、落恐等少数地区保留了当地的土官，继续实行土司制度。

和泥氏族收归中央政府管辖之后，零星的农民起义也时有发生，最著名的当数 19 世纪中叶，哀牢山中段镇沅、新平、墨江的哈尼族、彝族聚众起义，他们与同样高举抗清大旗的彝族贫民集团——李文学起义军结盟，控制了整个哀牢山中段。由于在经济上实行“庶民原耕庄主地悉归庶民所有，不纳租，课税二成；荒不纳”的土地纲领，获得各族人民的拥护，起义队伍迅速壮大，威震滇中、滇南广大地区。

进入 20 世纪，1917 年红河地区爆发了哈尼族贫农女青年卢梅贝领导的联合滇南各族人民反抗封建军阀和本地土司压迫的农民起义，影响遍及金平、元阳、绿春等多个民族聚集区。1918 年 10 月，卢梅贝率义军在奋勇攻打猛弄土司衙门的过程中，与敌鏖战三天三夜，最后功亏一篑。哈尼族人民赞扬卢梅贝的英雄气概，尊称她为“多沙阿波”，意为多沙寨的“阿爷”，广为后人称颂。

天回轮转，世代更迭，哈尼族人民在上千年的历史长河中艰难走来，矢志不渝，谱写出一曲又一曲可歌可泣的动人诗篇，既为本民族

自身的发展壮大打开了通途，也为云南多民族社会的演化做出了不朽的贡献。自 1949 年新中国成立以来，哈尼族与其他少数民族一道，在党和政府的关心和扶持下，进入了前所未有的发展时期，尤其是 20 世纪 80 年代改革开放以来，哈尼族更是迎来了全面繁荣的历史机遇。如今的哈尼山乡，有直达村寨的盘山公路，有电视网络和通信信号的全覆盖，有崭新的校舍和现代化的正规教育。现代时尚正在渗入哈尼人的日常生活中，哈尼族与全国各族人民一道，正迎着改革开放的大潮奋力走向小康社会。

云南哀牢山的盘山公路　（罗小韵摄）

第四节　“茶马古道”上的哈尼“牛马帮”

“茶马古道”起源于唐宋时期的“茶马互市”。所谓“茶马古道”其实就是一条地道的马帮之路，是以马帮（或牛帮）驮运货物游走四方的传统商贸形式而存在的。在现代交通运输工具出现之前，马帮运输无疑成为不同区域间进行商贸物流不可或缺的载体。尤其对于聚居在大山深处的民族，与外界的交流更是离不开马帮。

哈尼山乡是滇茶的发源地，因此，也可以说是茶马古道的源头之一。茶叶作为一种日用消费品，为许多民族所喜好，也成为哈尼族对外交换的生产品。譬如，藏族对茶叶的喜好就尤为突出，藏区流传有“一日无茶则滞……三日无茶则病”的民间俗语。因此，不惜跨越千山万水，从云南贩运普洱茶入藏，正如《滇茶藏销》中记载：“滇茶为藏所好，已积沿成习，故每年于春冬两季，藏族古宗商人，涉河山，露宿旷野，为滇茶不远万里而来。”① 据追溯，滇藏茶马古道大约形成于公元 6 世纪后期，它南起云南茶叶主产区西双版纳易武、普洱市，中间经过今天的大理白族自治州和丽江市、香格里拉进入西藏，直达拉萨。有的还从西藏转口印度、尼泊尔，是古代中国与南亚地区一条重要的贸易通道。普洱是茶马古道上独具优势的货物产地和中转集散地，具有悠久的历史。由此成就了享誉世界的普洱茶和“茶马古道”。

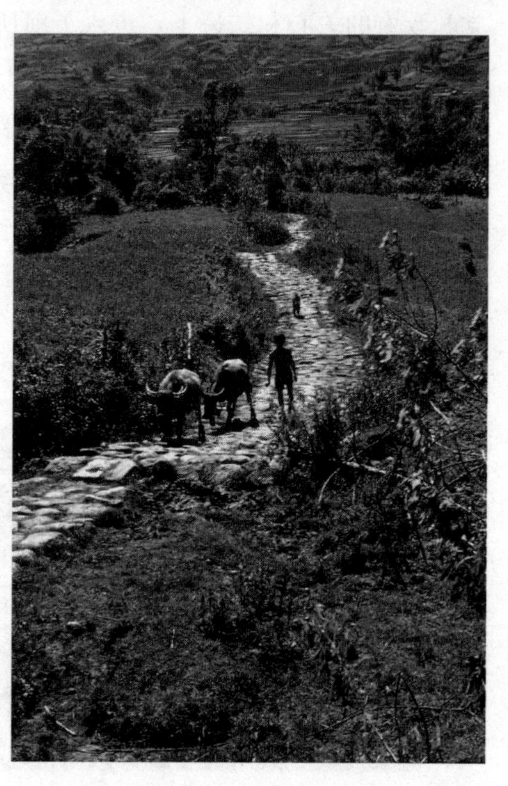

茶马古道　（安哥摄）

在《岭外代答》一书中有“产马之国曰：大理……罗孔……每冬以马叩边”。“罗孔”即“落恐”，是哈尼族的先民。由此断定，哈尼族

① 云南省民族学会哈尼族研究委员会编．哈尼族文化论丛（第四辑）．云南民族出版社，2008：354.

山区历史上应是产马养马之地。这为哈尼族走上“茶马古道”，参与普洱茶等物资贩运提供了必要的运输工具。据《墨江县志》记载，截至1949年，全县拥有驮牛5000头，驮马（含骡、驴）1500余匹，年驮运货物0.4吨，周转量60万吨/千米。县城玫联镇商务繁忙，每天有近500头（匹）驮牛、驮马往来，将本地的茶叶、木耳、笋片、皮革等土特产品运销外地，又将外地的棉花、布匹、食盐、铁具、日用百货等运回本地销售。另据《普洱县志》记载，在未通公路前，运输普洱全靠畜力驮运或人力背挑。县城有数家运输专业户雇用挑夫、轿夫为官绅商人挑抬运输……普洱、磨黑两地多以马帮驮运，其他区乡均以牛马驮运货物。

时至清朝，在云南已形成以普洱为中心的5条比较大的“茶马古道”，有意思的是，“茶马古道”的多条线路与哈尼族的迁徙路线基本重合。譬如，从普洱往北经克阔米搓（今墨江）、哈萨（今元江）、石七（今石屏）、那妥（今通海）抵达谷哈（今昆明），和从普洱往南渡过澜沧江，去往广景城（今景洪周围）等。在哈尼族“比莫”和“贝玛”的宗教口传叙事中，哈尼先民迁徙路线上的城镇、村庄、河流、山岳就与上述“茶马古道”的城镇、村庄、河流、山岳大致相似。

据相关文献记载，哈尼族“牛马帮”在“茶马古道”的形成与维系中是云南众多马帮中举足轻重的一支。在“茶马古道”上，那些常年辛劳奔走在以思茅和普洱为中心的“马帮”、“牛帮”和挑夫中，十之六七出自哈尼子弟，时至今日，在哈尼族聚居的许多村寨里，都留下了有关“下坝子”、“走夷方”的生动故事。所谓“下坝子”和“走夷方”，就是通过“茶马古道”来贩运盐、茶或一些土特产品，获取微薄收入“讨生活”。吃苦耐劳的哈尼族“马哥”不仅在本国“下坝子”和“走夷方”，甚至远赴异国他乡，在辗转往返的过程中饱尝生活的艰辛，尔后有一部分定居于当地。现在遍布于东南亚国家的哈尼族侨民，许多都是当年通过“茶马古道”“下坝子”、“走夷方”走出来的①。

可见，“茶马古道”不过是“牛马帮”长年累月驮运货物在群山丛中行走出来的畜力运输通道，它犹如一条条蜿蜒崎岖的纽带将哈尼山乡与外界紧密联系起来。通过“茶马古道”，普洱茶源源不断地流向雪域高原、中原大地和异国他乡，成为享誉世界的名茶；通过“茶马古道”，内地先进的农耕技术伴随工业制成品传入哈尼山寨，促进了哈尼族地区的社会经济发展，也促使哈尼族与其他民族形成相融相交、共同发展的互惠格局。

在今天，伴随交通条件的改善，纵横交错的汽车公路网已深入哈尼山乡，替代了传统的“茶马古道”和“牛马帮”。在几千年前古人开创的茶马古道上，成群结队的马帮身影不见了，清脆悠扬的驼铃声远去了，远古飘来的茶草香气也消散了。然而，留印在“茶马古道”上的先人足迹和马蹄烙印仍然清晰可见，其所承载的历史蕴含更是令世人称道，并幻化成华夏子孙一种崇高的民族创业精神。这种生生不息的拼搏奋斗精神，将在中华民族的发展历史上雕铸成一座座永恒的丰碑，千秋万代闪烁着中华民族的荣耀与光辉。

第五节　情同手足的“牛马亲家”和阿卡文化

壮美的哀牢山脉从西北向东南绵延500千米，哈尼族并不是哀牢山中唯一的主人，在这片纵贯滇西南的崇山峻岭中，还世代居住着彝、苗、壮、瑶等少数民族。千百年来，这些少数民族共劳作、共发展，传承着自己的文明，也共同打造着崭新的世界。

在哈尼族的创世神话中，哈尼族与彝、汉、傣、瑶族是同父母的

① 云南省民族学会哈尼族研究委员会编．哈尼族文化论丛（第四辑）．云南民族出版社，2008：356～358.

亲兄弟。哈尼族是老大，先占了山脖子的森林边；老二彝族生自娘腰，就住半山腰；老三汉族生于母亲手背，得住平地；老四傣族生于脚板，住在河坝；老五瑶族出生在耳后发丛中，自然住在山头森林里。五兄弟虽然不住在一起，风俗迥异，语言不同，但亲如手足，和睦相处，经常来往，互相帮助，其中，最让人拍手叫绝的就是哈尼族与傣族搭上的“牛亲家”。

“牛亲家”意味着哈尼族和傣族共有耕牛，根据季节变化轮流使用。春天平坝里青草茂盛，气候温和，是傣族耕种早稻的农忙季节，于是耕牛由傣家喂养使用；夏秋两季，平坝里气候炎热，山区则风和气爽、草木青青，是哈尼族栽种水稻，或迎接收割的好时光，牲畜就赶上山由哈尼族使用喂养；到了冬天，山上气候寒冷，耕牛又下山避寒，由傣家兄弟喂养。在有的村寨，两个民族也合作喂养驮马，因此也结了不少“马亲家”。

按约定俗成的规矩，无论“牛亲家”还是“马亲家”，都会合伙凑钱一起买牲畜，每年这些牲畜从一家轮到另一家时，还常常会在干活前搞点“牛叫魂”之类的活动，也就是给牛打“牙祭”，喂些鸡肉米饭，灌点酒，让牛长得壮壮的，以更好地卖力劳动，而亲家之间，也借此熟络感情，增加了解。耕牛生了小牛，也属双方共有；宰杀出卖时也互相分成，这种“牛亲家”的关系一旦确定下来后，就不再轻易变更，双方会世代交往、和衷共济。

“牛亲家”所反映的正是哈尼族与其他民族和睦相处、亲如一家的传统民俗，同时也是一种现实需求，在生存环境十分艰难、物质资源极为匮乏的时代，正是因为遵循这种相处之道，生活在哀牢山区的各兄弟民族间从来没有发生过冲突和争斗，他们视彼此为兄弟，共享资源，共抵敌寇，在深山密林间和平共处了近两千年。

这种和衷共济、互帮互助的生存模式，从古代延续到现代，从中国境内延伸到了周边国家。作为跨界民族，哈尼族除生活在中国外，也分布在东南亚的越南、缅甸、老挝、泰国等国，这些居住在异国的哈尼族被统称为“阿卡”（Akha），他们与聚居在中国的哈尼族均源自哈尼族古音中的“和”人。

散居于云南周边各国的哈尼族以缅甸人数最多，近6万人；泰国其次，约有3.5万人；老挝、越南的哈尼族人数均在1万人左右①。迁徙到境外的哈尼族虽然居于国外多年，甚至多代，但还保持着不少早期哈尼族的传统习俗。比如，越南的哈尼族每年六月节或婚嫁喜庆时，都要以唱歌的形式叙述本民族的历史，而歌曲的第一句就是：“哈尼人本来在诺马阿美，哈尼人本来在诺马教阿……”这与哀牢山区哈尼族迁徙史诗所叙述的故事完全相同。这里的哈尼族也有着丰富多样的求神祭祀活动，每年阴历二月的虎日和羊日是他们最隆重的节日，其他很多节日都与农业生产相关。山地和梯田耕作、水稻和玉米种植是这里最主要的农业活动，相应地，这里也有规模不等的大小梯田，恰与云南境内著名的哈尼梯田形成了呼应。

聚居在泰国的哈尼族，也流传着祖先自西藏高原南下、沿着河谷一路迁徙至川南、云南的故事，只是在13世纪中叶，一次突如其来的灾难迫使他们的祖先逃进了丛林密布的高山之中，此后，经由缅甸最终来到泰国。泰国的阿卡人迷信鬼神和巫术，凡事都要占卜吉凶、求神问祖，对他们来说，最“大”的神当数寨神和祖先神，每个村寨都有祭祀寨神的祭坛，寨门被视为神圣不可侵犯，围绕种植、收获、打谷等农事活动而举行的各种祭神仪式贯穿全年。

相较而言，生活在东南亚诸国的哈尼族后裔都保留有哈尼族早期的原始社会生产和生活遗迹。他们大多生活在丛山的半山腰，农业活动技术程度不高，在部分地区甚至还留有“刀耕火种”、游耕游居的生

① 雷兵著．哈尼族文化史．云南民族出版社，2002：19～20.

产生活方式，一些村寨的土地仍属村寨共同拥有；带有巫师色彩的“贝玛”和45～50岁以上的男性长者在村寨中有着崇高的地位，是村寨大小事宜的绝对裁判者；崇拜村寨的守护神和祖先，在家庭结构、婚姻关系、生老病死等方面都留存有早期哈尼族的各种痕迹。

近年来，以“阿卡文化”为纽带，云南的哈尼族与周边国家的“阿卡”们开展了各式各样的交流活动。

第二章

哀牢山区的守护神　红河流域的耕耘者

第一节　农耕文化的哈尼杰作——山腰梯田

早在 1300 年前的唐朝时期，哈尼族先民在一路南迁的过程中，进入群山环抱的彩云之南，在两山（哀牢山和无量山，元江、李仙江及其支流藤条江均属于红河水系）山区和四江（元江、藤条江、李仙江和澜沧江，哀牢山是哈尼族的主要栖息地）流域的广袤地区定居下来。这里气候温润，雨量充沛，但山高谷深、沟壑纵横，“地无三分平”是这里最生动的写照。但是，正是在这样的群山之中，极富坚韧性格和创造精神的哈尼族先民，根据这里的聚居环境和自然条件，依山顺势，在大山深处开创了别具匠心的农耕样式——梯田，被明代农学家徐光启列为中国农耕史上的七大田制之一。被誉为“哈尼人的天梯”的元阳梯田成为人类创造世界的奇迹，千百年来不但哺育着一代代的哈尼子孙，更成为哈尼人最广为人知的杰作，吸引着全世界的眼光。

勤劳智慧的哈尼民族世代以大山为伴，以梯田为生。要想在陡峭且高耸入云的山坡上开山造田、凿渠引水，其难度之大可想而知。但哈尼族先民硬是凭借着山一样的坚韧和水一般的灵性，在田地开垦的

过程中始终把握“人与自然和谐共存”的平衡点，将“不可能”变成令世人叹为观止的千秋杰作。

哈尼梯田　（文世坤摄）

修建梯田。首先，选址造田。哈尼族在开发梯田方面积累了丰富的经验。并非每座山都适合开垦梯田，最好是寻找避风向阳、土质较好、水源充足、相对平缓的斜坡地，顺着山势一级一级地平整成台地，并在侧面垒石筑埂，即可放水种植庄稼。但新开垦的土地被视为“生地”，既缺乏肥力又难以保水，往往需要先种 3 年旱地作物，待土壤肥力积蓄到一定程度之后，才开始把“生地”进一步加固整理后变成“熟地”，灌入田水浸泡后种植水稻。其次，开渠引水。要保证水稻种植，还必须修筑用于引水灌溉的沟渠，但在山梁上修筑延绵迂回的沟渠总会碰到一些坚硬岩石的阻挡。为了凿开岩石，聪明的哈尼先民采用火攻水浇的原始技术，即先在岩石下方堆上干柴，放火烧石，待石头被烧得发烫之际，立刻浇上凉水，经冷水一激，滚烫的石头立刻开裂，在裂开的缝隙中，哈尼人就可以开凿成渠了。这样开凿出来的引水渠，被当地哈尼人称之为“火烧出来的水沟”。如今随便走进哈尼梯田中的一处山寨，都可以看到贯穿整个村寨的水系和沟渠，这些深约30厘米、宽约20厘米的沟渠之中，流淌着来自山林的清泉，水流潺潺，不仅保障了梯田用水，而且还为哈尼人家的各种水磨、水碾、水碓提供了源源不断的动力。

云南红河元阳哈尼梯田　（肖琨伟摄）

这一“选”一“开”的过程，不仅饱含着哈尼人对山的理解与亲近，而且也体现了哈尼人对山的尊重、爱戴与守望相助。位于哀牢山脉南段、红河南岸的元阳哈尼族彝族自治县，是红河哈尼梯田最集中、也最具代表性的区域，境内分布有近20万亩哈尼梯田，这些蔚为壮观的梯田充分凝聚了哈尼人的智慧，也彰显着独具魅力的哈尼文化。哈尼人世代开垦的梯田，不啻为艺术家雕刻一座大山的艺术创作。

一是形态多样。云雾缭绕的大山上，几乎每片山坡都布满了形状各异、面积不等的梯田，大的堪比篮球场，小的甚至不及半个乒乓球桌大，而且形态千姿百变，有的宛若新月落山间，有的似女子无意间

抛落的弯梳，还有的奔突蜿蜒如长蛇……从高处眺望，形态各异的层层梯田仿佛是上苍随意挥洒的笔墨山水，又像在山坡上留下的一幅幅形态多变的抽象画。哈尼族村落沿边鳞次栉比的梯田，顺着山势蜿蜒崎岖延伸开来，像数不尽的道道天梯，有的隐现在云海里，有的镶嵌在山岩下，千姿百变中却埂路有序。每当冬末春初，梯田里波光粼粼的清水在明媚的阳光下闪闪发光，曲曲弯弯的羊肠小道穿插其间，加之远近山峦和村落的衬托，构成哈尼族山乡特有的山水美景。

二是地势陡峭。在开山造田的过程中，哈尼人根据自身所处的山区环境，依山顺势，灵活多变，坡缓地大则开垦大田，坡陡地小则开垦小田，甚至沟边坎下石隙也开田。因此，从 15 度的缓坡到 75 度的陡峭山坡，都能看到哈尼梯田，举目远望，一座座大山均布满梯田，宛如“田山”，又如巧夺天工的大师在山坡上雕琢出来的壁画，它们与天地浑然一体，在蓝天白云的映照之下，俨然成为群山怀抱中的“大地雕刻”杰作，蔚为壮观，叹为观止。

三是层数繁多。由于山高谷深，山区地形多呈“V”字形结构，大多数梯田都开垦在海拔 200～2000 米的半山坡上，从山脚抬头看，自下而上有如天梯般一级一级地向山腰台升，最终插入云间；若从高处远眺，层层叠叠的哈尼梯田在山坡上铺陈开来，在山与山之间连绵而去，望不见尽头，消失于云间，展现了一幅“山间水沟如玉带，层层梯田似云梯”的人间仙境。有人做过统计，在元阳县，一面山坡上开垦出的梯田级数最高达到 3700 多级，哈尼族人民山居农耕的特点与智慧可谓登峰造极。而以稻谷种植为主、兼种各类杂粮瓜果的哈尼人，更将水稻种植的最高海拔不断提升，近海拔 3000 米的高度成为世界高山水稻种植的典范。

四是山水居高。水稻种植离不开水，要有水就要有库塘蓄水，但哈尼梯田却不靠库塘，也不蓄水，仍然年复一年种植水稻，梯田间、村寨前的沟渠里，始终泉水潺潺。这其中到底藏着怎样的奥妙？

答案其实就藏在大山里。哈尼族谚语说“山有多高，水有多高”，这一方面是因为每个哈尼族村寨都保留有本村本寨的“普玛”（哈尼语，意为村寨守护神的栖息地），每个村寨的“普玛”少则两三座、多则四五座，村民均视“普玛”为神圣的净土，除祭祀寨神的宗教圣节“艾玛突”三天外，平时任何人不许进入寨神林。树林密集、保护良好的“普玛”多半由果树、喜树、桤木、榕树、木荷、水冬瓜树、多依树等富于涵养水分的高大乔木组成，它们成了哈尼人世代敬畏的神圣之地，更成为哈尼人生活中重要的水源林。这种敬奉“普玛”的行为，不仅是一种民族信仰，也无形中促成了人与自然的和谐共处。哈尼人视山林为神灵，并遵循着绝不砍伐大树的古训，因此，哈尼人聚居的山区，都有保护良好的大片森林，而森林成为最自然的蓄水库，尤其是在山腰以上，茂密的森林覆盖了整个山头，郁郁葱葱的绿荫下，涓涓细流从山林里缓缓涌出，常年流淌，使山坡上的层层梯田获得了源源不断的清泉滋润。

另外，哈尼人聚集的哀牢山和无量山区，海拔跨度较大，低纬度河谷常年高温造成的江河水大量蒸发、升腾到高空与冷气团相遇，形成云雾终年缠绕于山间，并产生水滴汇集成潺潺流淌的山间小溪，为哈尼人民带来了长年不断的生产生活用水，滋润着哈尼梯田，也浸润着哈尼人的心田。这一结构被生态学家盛赞为经典的“森林—村寨—梯田—水系”四度同构的良性农业生态循环系统，正所谓“山不在高，有林成源；水不在多，汇流成田”。

五是鱼米共生。哈尼梯田可以四季保水，在满足稻谷种植用水的同时，还为各种水生物提供了适宜的寄居环境。谷花鱼就是伴生在哈尼梯田里最具代表性的一种特殊鱼类。这种体形不大、身披金黄鳞片的小鱼，在每年春夏之际，当水稻秧苗栽种完成后就开始繁殖起来，

元阳哈尼梯田 （张曾楷摄）

并伴着水稻生长而迅速增加，它们以稻田水中的浮游生物为食，排出的粪便又成为稻谷生长的有机肥料，两者共荣共存，相得益彰。当稻谷进入包浆结穗时节，谷花鱼已经长到十余厘米大小，吸引着孩童们前去捕捉，随后成为哈尼人家餐桌上的一道美食。每每此时，哈尼农家收获的不仅是金灿灿的稻米，还有活蹦乱跳的鲜鱼。大山里的“鱼米之乡”与山外江河湖畔阡陌纵横的“鱼米之乡”对照，似有异曲同工之效，却更令人乐在其中。

六是分水木刻。田靠水养，“无水不成田”。在梯田的用水分水方面，同样展现了哈尼人的聪明才智。在水量丰沛的夏季，稻田用水都不成问题，但在冬春旱季或遇到来水减少时，就会出现田地用水供不应求的局面。在这种情形下，哈尼先民总结出了“分水木刻”的水资源管理机制，即在田埂上嵌入一块整木，在木头上面刻几道凹槽充当分水口，就可按照比例控制水量。具体做法：根据每条水沟所需要灌溉梯田的面积大小，经大家商量，规定每条水沟应该获得的水量，请专人将放水量按比例刻在整木上，然后将木块镶放在总水沟分流处，经过分水木口，水流就会按预订的用水量流入每条沟渠。依照这个原理，在下一级需要分水的地方，再次放置这样的分水木刻，最终，水量经由若干道分水木刻按需要分配到每一块稻田里，实现了水资源的合理分配，共同分享。由于木料遭水长年浸泡后易于腐烂，因此，一些村寨也有用石块替代的，“分水木刻”即变成为“分水石刻”。但无论是“木”还是“石”，这种有效的水源管理工具蕴含着哈尼村民的集体意识，分水机制由族群集体商定，共同遵守执行，任何人不得将木刻擅自挪动或修改，否则就是违背了公众意志，损害了村寨的整体利益，将会受到严厉的惩处。

七是流水肥田。除了水，种田还少不了肥料。问题是，要想靠人挑马驮，为散布在大山坡上的层层梯田施肥几乎是不可能的。因此哈尼人开创了“流水肥田”的农田施肥方式。每个哈尼村寨都有积肥塘，智慧的哈尼人将牲畜粪便收集起来，集中储藏，经发酵后成为优质的农家肥。春耕时节，挖开塘口，从高处的大沟放水，将农家肥冲入沟渠，大家用锄头等工具反复搅拌稀释，经过稀释后的农家肥会顺着水流向下流淌，一路上都有人疏导，最终肥水按需要流入各家梯田里。这种巧妙的施肥方式，不仅节省了大量运送肥料的劳力，还有效解决了牲畜粪便的净化处理。若在平时，有村民想要单独为自家的梯田上肥，又不想肥料流入别家的梯田，同样可以用水沟运送，但只要将其他家梯田的入水口堵住，肥料就会随着水流进入自家的梯田，一切都显得自然而合乎规律。

哈尼人把他们坚忍不拔的性格和勤劳智慧的精神都镌刻在大山坡上，这一座座阡陌相连的“田山”，是哈尼人辛勤开发、精心维护、世代传承的成果，是哈尼族呈现给人类的一道锦绣奇观，更是“人与自然和谐共处”的成功范例。尤其令人叫绝的是，哈尼族梯田从古至今始终是一个充满生命活力的大系统，今天它仍然是哈尼族人物质和精

神生活的根本。它是哈尼族人与哀牢山大自然长期相融相谐、互促互补的产物，是文化与自然巧妙结合的创举。

历经千年，今天的哈尼梯田规模宏大，气势磅礴，绵延整个红河南岸的红河、元阳、绿春及金平等县域，仅元阳县境内就有19万亩梯田，是红河哈尼梯田的核心区。自20世纪80年代以来，元阳哈尼族梯田的知名度日渐提高，吸引国内外专家学者和游客纷至沓来，成为封闭的哀牢山区通向世界的一道光亮，围绕梯田的旅游、文化研讨等活动层出不穷，来自不同国家和地区的游人和专家学者均为其景观的壮丽与文化的丰富所折服。1995年，法国人类学家欧也纳博士慕名专访红河，面对着脚下万亩磅礴大气、点线相谐的梯田激动不已，久久不肯离去，他称赞道："哈尼族的梯田是真正的大地艺术，是真正的大地雕塑，而哈尼族不愧为真正的大地艺术家。"2010年，哈尼稻作梯田系统被联合国粮农组织列为"全球重要农业文化遗产保护试点"。

第二节　从"开秧门"到"尝新节"——农事安排

分布于滇南哀牢山、无量山和西双版纳等广大山区的哈尼族主要从事山地农耕，以农产品为主要经济生活来源，并兼营少量畜牧业、手工业、狩猎、采集等，尤以善种梯田而著称于世，因而水稻种植成为哈尼人最主要的农业生产活动，常见的水稻品种达十余种之多，不同品种各有其不同的品性和特点。

哈尼族的水稻种植一般为一年一季，围绕水稻种植的每一道程序，哈尼族创造了覆盖全年的节日、祭祀等活动。同时，为了有效地控制和利用生存环境，以适应山区自然条件的需要，哈尼族又在长期的生产实践活动中积累了丰富的生产经验和知识，创造了一整套具有一定实用价值的农事历法（物候历），按自然天象物候的不同变化来安排各种农事、祭祀活动和家庭生活。

根据哈尼族的历法，每年夏历九月为一年之末月，意示一年的农事活动全部结束。不过，一年之结束并不意味着闲散日子的到来，秋收刚过，哈尼男子们就开始着手来年前期的备耕活动，并以提前备耕为荣。哈尼人的备耕主要是垒造梯田新埂，翻犁谷茬，力求“谷倒田翻身”，即在收割了稻谷之后，任田地休养近半年，并称之为“冬水田”。随着冬季的到来，哈尼族男子一般没有太多的农活，大多赋闲在家，不时上山砍柴，或以钐倒草棵、劈折树枝、扭草打结、铲光草地等形式作认地标记，以便早春时节开挖作为旱地，种植玉米、旱谷、高粱、荞、麦等作物，作为主粮不足时的补充。有些哈尼族也会在旱地上种植棉花、甘蔗、棕、紫胶、麻、花生、茶叶等经济作物，或在村边、田间空地上种些瓜、豆、芋头、青菜、白菜、萝卜、姜、葱、蒜等蔬菜，这些菜地规模不大，各种蔬菜虽也按照季节种植，但多是利用早晚或农闲，而且主要由族中妇女负责。

农业生产是哈尼族最主要的社会经济活动，由于历史上较长时间停留在自然经济阶段，抗御自然灾害的能力较差，作为农业补充的各种副业生产，正是为了满足家庭生产和生活所需。但在整个农业生产中，水稻的耕种始终占有最重要的位置，而且在经营方面比旱地作物精细得多。

哈尼族的生产节令观念极强，一切农事活动都按季节的变化来安排。当哈尼族山乡春意萌动，妇女便停止纺织，外出打工的男子也赶回家，男女合力备耕，保证适时栽种。从早春二月到盛夏五月，哈尼族山乡最繁忙的生产季节到来，一整套从祖先传承、又历经百年实践不断补充、不断更新的条规，规范着哈尼人现实的生产耕作：

施肥——哈尼族在历史上没有形成在旱地上大面积施肥的习惯，

在梯田边劳作的哈尼族人　（邓启耀摄）

而且忌讳施人粪，但在秧田和水田中则重施自然生成的绿肥和灰肥。

选种——哈尼族很早就已注意到选种对于增产的意义，他们在秋收时选取颗粒饱满的谷物作种，撒秧时忌讳打雷天，并由生产经验丰富的男性长者撒播。

灌溉——与哈尼梯田相伴相生的“分水木刻”让埂高田小、需水量大的梯田耕种从来没有枯水的担心，也从来不会发生争水的口角，哈尼族人在长期生产实践活动中逐渐形成了分水合理、协同合作的“欧头头”（哈尼语，意为不成文的民约水规）。

……

像这样约定俗成的规范广泛地存在于哈尼族的生产活动中，而在其中，家庭是最基本的生产单位。哈尼家庭中凡能参加体力劳动的成员都得参加一定的生产劳动，无论男女，均不许偷懒。但另一方面，男女的劳动分工又极为严格明确。一般而言，男子负责组织和领导生产，从事田间管理、垒埂、挖田、犁田、耙田、浸种、撒秧、送秧、铲埂、打谷和搬运等重体力劳动，几乎占整个水田劳动的70%，男子还参加大的商业活动，外出买卖禽畜，制造生产生活用具和修建房屋，村里的宗教祭祀活动和社会成员之间的重要交际活动，也只有男子才能参加；相比之下，虽然哈尼妇女的劳动强度不及男子，但活计往往比男子繁琐，栽秧、播种、施肥、锄禾、收割、纺织、饲养家畜、砍柴，以及零星的交易等都由她们担任。

在整个栽种过程中，哈尼族视水牛和雀鸟为尊，因为前者是他们劳作的好帮手，而后者是未来丰收的好彩头。哈尼人对水牛感情深厚，久而久之，逐渐形成一种爱牛的传统风尚，至今哈尼族民间依然忌食水牛。哈尼族在农事活动中还崇奉候鸟，认为候鸟是季节的使者。阳春时节，当人们听到布谷鸟的啼叫声之后，便会选吉日用金黄色的糯米饭和红蛋敬献布谷鸟，以求五谷丰登、六畜兴旺、终年和平康泰。随即，各户择一吉日，在深夜五更时分，由女家长将三丛秧苗插在自家田里，意即“开秧门”。据说，“开秧门”时听不到雀鸟的声音，当年庄稼就可获得好收成。

阳春时节是农事最忙之时，这个季节里，白天的哈尼村寨里除两三个老人留家领儿孙之外，很难见到闲散的人，千百年来形成的互相协作的优良传统，使哈尼人根本闲不下来，村里谁家先栽秧，不论亲戚还是邻里都会自动前来帮忙，尔后又转向另一家，直到全村的秧田栽完为止。栽秧结束后，哈尼男子往往会相约集体上山狩猎，妇女们或料理边边角角的“私房地”，按农时栽些花生、黄豆等作物，成熟后自己背到市场出售，为自己挣得些零花钱，或上山砍柴——哈尼族农家门前柴堆的高低，常常被视为衡量家中妇女勤劳的一把标尺。

走过最繁忙的春夏，终于将迎来丰收的季节。秋收将至之时，哈尼族各家各户都要择一吉日举行“尝新节”。当日，男家长从田里割回一把即将成熟而又颗大粒多的谷穗，倒挂于堂屋后山墙上方，又摘下数十粒新谷盛入酒瓶内泡酒。这天晚餐要宰杀大鸡，备办美味佳肴，

邀请周围邻居长者一同尝新。主客举杯共祝粮食丰收、吃穿有余，依照传统风俗，这餐饭人人都要多吃，因为只有“尝新节”时吃得多，到秋收新谷上场时仓库里才会有吃不完的陈粮。

晚秋九月，梯田里的稻谷全部成熟，男女老少怀着丰收的喜悦全力以赴地投入秋收之中。按照男女分工原则，妇女在前面割谷，男子在后面用谷床掼谷，或搬运谷子。另如高粱、旱谷、荞、麦等作物成熟，割倒后用脚搓，或用木棍敲打。在收割期间，要遵守一系列原始禁忌，诸如掼谷时蛇不能掉在谷床中，此时如果茄子、辣子一道节上长出两个被视为不祥之兆等。在农事活动的各个阶段，都要举行特定的祭祀活动，而每一次的农业祭祀活动也逐渐演化为特定的农事节日，因此，一年一度农事活动的结束也是一年中主要原始禁忌、宗教祭祀及节日活动的结束。

以山地农耕为生的哈尼族，在整个农事活动过程中，逐渐形成了本民族的一套农作体系，也创造出了一部完整的、富有哈尼族特色的庆典，这其中既充满着人与自然和谐共生的智慧，把本来非常辛苦的农田劳作安排得井井有条，赋予其乐观向上的积极基调，又用节庆、祭祀等方式，将缅怀祖先、敬畏自然与颂扬劳动融合为完整的篇章。

第三节　未曾消失的祖先传习——畜牧狩猎

哈尼族的祖先从遥远的北方游牧族群迁徙而来，在潮湿多雨、林木繁密的南方开创新的家园。虽然因地制宜的稻米种植成为他们最主要的生产活动和最重要的食物，但骨子里似乎依然深藏着祖先游牧天涯的基因，畜牧和狩猎成为仅次于水稻种植的生产活动，只是鉴于不同区域间自然条件的差异，养殖的家畜家禽自然也完全不同于祖先了。

滇南哀牢山哈尼族的畜牧饲养发展较快，主要有黄牛、水牛、骡、马、羊、猪、鸡、鹅、鸭等，其中黄牛数量居首位。大多数人家都饲养黄牛，少则三五头，多则十余头。黄牛一般作为食用和祭祀品，水牛仅用于耕作。骡和马虽然是哈尼族山乡重要的交通工具，但饲养并不普遍。哈尼族几乎户户养猪，他们饲养的江外小耳朵猪以其肉质香嫩而著称于世。猪、羊除满足自己食用外，就用以出售，其收入往往是哈尼族农户的主要经济来源。鸡、鹅、鸭等家禽一部分用于宗教祭祀活动，经济效益不大。西双版纳一带哈尼族饲养的黄牛，主要用来驮运物资。同时也饲养少量水牛，但自己不使用，多出租给坝区傣族使用。在西双版纳一部分哈尼族中，直到20世纪中期还保留着一些家长制的大家庭，大家庭以主屋（扭玛）为中心，围绕主屋建盖若干小房子（扭然）供已婚的儿子们居住。家中以父亲或长兄为长，管理家庭经济收支，粮食蔬菜以及大型家畜家禽都以大家庭为单位栽种养殖，只有已婚的子女可以自行养猪养鸡，出卖收入亦归小家庭所有。哀牢山区的哈尼族还有挖塘养鱼或稻田养鱼的习惯，放养在水稻田里的鱼称为“谷花鱼”，一般随插秧时放养田中，秋收稻谷前放水捕捞，可谓一举两得。各个村寨视田间地头的空地多少，也会开挖有大小不一、数量不等的专门鱼塘，多属村中人们自由组合开挖，所得的鱼也由挖塘人共分。

哈尼族村寨大多森林环抱，周围林海茫茫，在密林深山和灌木丛中，栖息着虎、豹、熊、野猪、麂子、马鹿、岩羊、獐子以及水獭、刺猪、野兔等多种禽兽。因此，狩猎既是他们抗击野兽、卫护人畜平安和庄稼丰收的必要手段，又可将猎获之物用作美味食品。狩猎在哈尼族的现实生活中占有一定地位，狩猎中捕获的兽肉一时吃不完还可腌于竹笼中备用。这样的生活习惯在西双版纳和哀牢山区随处可见。为使狩猎获得成功，哈尼人在长期的狩猎实践中积累了丰富的经验，

狩猎方式多样，并发明创造了许多符合科学原理的猎具。通过这些狩猎方式及其各种猎具的性能，就可以理解哈尼族先民为努力提高生活标准所显示的聪明才智。

集体上山围猎是哈尼族的一种主要狩猎方式，参加狩猎的人几乎全是青壮年男子，人数多少不一，他们一般选择夏末秋初或冬季农闲时出击打猎。按照传统的狩猎风俗，在集体出猎凶猛野兽之前，都会念咒占卜，预测凶吉成败；家有行经妇女或孕妇的男子禁止参加狩猎，而猎人们出村时也忌讳与成年女性相遇，否则就会被视为不祥。

哈尼族青壮年男子多是出色的猎手，对于各种野兽的生活习性和活动规律都很熟悉，懂得如何能找到野兽并猎取之。他们使用的猎具主要有长矛、钐刀、大刀、钢叉和明火枪，随行带几只猎狗和一张形若排球网的巨型棕绳网套。猎人中有一位背牛角号的年轻人充当司号手。猎人们不备任何行装，一进山就将巨型棕绳网套沿着野兽必经之道，紧擦地面跨山跨箐地扯架于山凹和坡梁上，随即摆开阵势，四面赶围，一时间，吆喝声、犬吠声、牛角号声响彻山谷，交相呼应，让惊慌奔逃的野兽闯入网套而不能脱身。捕获猎物之后，猎人们就聚集在一个适中的山路丫口，将猎获之物肢解分割。一般而言，捕获猎物的猎手或在狩猎过程中贡献最大者优先获得猎物的大腿一只作为奖励；在捕猎活动中既能保护猎人的安全、又可帮助发现和抓获野兽的猎狗则被视作猎人的好帮手，也会分得一份兽肉慰劳；其余兽肉则按参加狩猎人数均分，任何人不得多占。若有未参与狩猎活动的路人偶然相遇，即便是素不相识的陌生人，哈尼猎人们也会按照“上山打猎，见者有份”的传统习俗赠送一份收获物给路人。

除集体上山围猎外，哈尼猎人也会巧妙地运用杠杆原理，制成木架重力装置，以捕杀虎、豹等猛兽。猎人们根据各种野兽的不同习性和生活规律，多在村旁或路边选择适当的土坎台，掘成地窖状，其上覆盖粗木、树叶和腐质土。地窖前方设一道野兽出入之门，窖门和窖底的活动扳机以绳相连，窖内活动扳机下关一只哼叫不止的小狗或小猪作为诱饵。当虎、豹闻声而来，入窖翻动扳机，扳机一触即发，牵动窖门绳索，窖门落下，将虎、豹关入窖中，这是最形象生动的“自投罗网”。先人发明的这一机械组合装置，历经哈尼猎人一代代的总结创新，又发明出若干更为复杂而灵巧的捕猎装置，用以捕捉老鼠、水獭、野兔及其他走兽。这样的聪明才智已经融入哈尼人的血液，代代相传，即使是十来岁的哈尼族青少年，也会利用扣子（网套）、跳柱、笼罩、子条（一种黏性极强的寄生植物浆）等猎具捕捉鸟类。

如果说，猎取虎豹等大型野兽锻炼的是哈尼人的勇气，那么，捕获野蜂则集中显示了哈尼族的灵巧与才智。每当中秋时节，各种野蜂喜欢在山区密林里筑巢，这些野蜂生性凶猛，又行踪神秘，它们的巢室往往不易发现。但哈尼猎人们凭借丰富的山区生活经验，对野蜂的行踪了如指掌，野蜂的巢窝藏得再隐秘，也会被他们找到。发现野蜂巢窝后，哈尼猎人一般用火把巧妙猎取，而见火即逃的野蜂只能眼睁睁地看着自己的巢室被人取走而不敢发动攻击。猎取蜂巢的哈尼人如果发现蜂蛹还不够饱满，就会暂时不去打扰蜂巢，而在悬挂野蜂窝的树脚下折弯一两根树枝，或打上一两团草结，表明树上的野蜂已经有主，日后如果有人也找到这窝野蜂，一旦发现草结或折弯的树枝，根据哈尼族“非我之物不取”的古规，便会自觉离去，绝不违“规”取之。

第四节　自给自足的传统经济——采集编织

哈尼族的手工业作为农业的一种补充，多半是对农副产品的加工，主要有纺织、染布、编席、酿酒及竹木器制造等，制造出来的产品直

接为家庭的生产、生活服务，满足自家人的需要，有剩余的才拿到附近市场上出售，或换取其他生产、生活用品。

纺织是哈尼族手工业生产的首要内容，全由妇女承担，一个家庭所有成员的衣服用布均依靠妇女纺织，纺织既是世代承袭的传统技艺，又是衡量女子聪明才智和理财治家本领的重要标志。

纺织一般在农活即将结束的秋后和农闲的冬季进行。在广袤的哀牢山区和无量山区，几乎每户哈尼族人家都备有一套木制轧花机、纺纱机和织布机。深秋时节，妇女们把棉花摘回家后，就在秋日的骄阳下边晒棉花边用轧花机将棉籽除净，请人弹花；邻居的女子们也会自动聚拢过来，随手相助，将弹松的棉花搓成条状，做好一冬纺纱的准备。一年中最重要的节日——“十月年”过后，山区气候渐凉，年轻女子们围坐在“扭然”温暖的火塘边，开始集中精力纺纱。这一纺常常就是两个月。12 月底，纺纱基本就绪，便将棉纱理顺，放进大铁锅里与玉米子同煮、上浆，然后取出清漂、晒干、理顺，缠绕在一个特制的木架上，最后上机织成布。织出的布均为白色，宽 7～9 寸，当地人称为“小土布”。纺纱织布期间，哈尼人也有种种禁忌，比如，女子织布时哭泣就会被视为不祥之兆。很多哈尼女子都拥有高超的纺织技艺，墨江和西双版纳一带的哈尼族妇女，更善于边走路边用纺锤捻线，这些棉线织成的布匹足可做四五件乃至十余件衣服。十多年来，有些地区的哈尼族已不种棉花，而是直接从市场购买棉纱和棉布，但依靠妇女解决衣服用布的情况依然存在。

白色的小土布并不能直接做成衣服，由于哈尼族一直有着尚黑的传统，所以白布还需要经过染色之后，才能用来制衣。哈尼男女老少普遍身着蓝色或黑色布衣，这是经由蓝靛染制而成。用于染色的蓝靛一般由哈尼家庭中的妇女自行种植，待秋天蓝靛成熟，哈尼妇女即采靛叶回家，放进瓦缸中浸泡数日，待发酵后捞出杂质，靛水

哈尼族斜织机　（杨兴斌摄）

中放进适量石灰搅拌，一夜之后，又用糊着牛粪的篾箩过滤，便得到了一块块的块状靛。她们再将块状靛放入盛有清水的瓦缸中溶解，洒入适量醇酒，每夜搅拌一次，过四五日之后放入衣服和布料浸染，通常一件衣服需浸染三五道，浸染次数少则呈浅蓝色，次数多则呈深蓝色。

除织布做衣外，哀牢山一带的哈尼族妇女还善于编织滑席。深秋多雨、不便出门劳动之时，在哈尼村寨的门前屋檐下，到处可见哈尼族年轻的姐妹、妯娌聚在一起编织滑席的景象。编滑席所用的蓆子草同样是由哈尼妇女自己种植，编席机则是一套竹制的“井”形框架，由机杼以及作为经线的藤皮绳组合而成。织成的滑席一般宽一米左右，长一米七八，美观大方，实惠耐用，颇具民族特色，深受各族

群众的欢迎。

做手工活儿的其实不仅仅是哈尼妇女，西双版纳一带的哈尼族男子也善于编织一种盖房顶用的竹排和竹席，或者用葛麻编织伞套、渔网和挎包等民族工艺品。说到竹木器加工制造，就更是哈尼男子当仁不让的“专利”，它们一般分为生产用具和生活用具两类，生产用具如轧花机、纺车、织布机、榨油机、蒸酒器、碓、谷床、挑水桶、犁架、耙架以及各种型号的背箩、簸箕、篾垫、斗、筛、篾帽、鱼笼、提篮、背水桶等，生活用具如桌、椅、柜、箱、床、筷、甑、勺以及男女青年使用的各种乐器。制成的竹木器物也主要为自用，只有手艺较高、用较多时间从事此项活动的人才会零星接受来料加工，或将少量成品拿到市场上出售。

创造了举世瞩目的梯田文化的哈尼族自然以大米为主食，辅以玉米、瓜豆等，日常生活所需的蔬菜虽然也有自种的豆子、南瓜和芋头等，但广袤山野中丰富的野生植物更为他们提供了多姿多彩的野菜资源。采集的担子一般也落在哈尼妇女的身上，而春夏两季是她们采集活动最频繁的时节。每当大地回春、万物勃发之时，她们常常会专门腾出时间，或利用上山劳动之机，采集可供食用的各种野生植物果、根、茎叶回家，供全家成员烹制食用。在这里，山甜菜、菱角菜、树头菜、羊奶菜、灰条菜、蕨菜、水芹菜、苦麻菜、臭菜、细芽菜、马蹄菜、香菌、鸡纵、木耳、野山药以及金雀花、棠梨花、杜鹃花、苦刺花、刺竹笋……各种野菜名目繁多，数不胜数，再加上山区水土丰饶，气候温和，各种山珍野菜常年不衰，取之不尽，它们是大自然最慷慨的馈赠，也是哈尼妇女手中妙不可言的佳肴美食。尽管自20世纪中期以来，哈尼山乡的生产生活有了很大的发展，自远古传承下来的采集活动在哈尼族生产生活中的比重大为下降，但由于自然条件和传统观念、历史遗俗的影响，采集仍然在哈尼族的日常生活中扮演着不可或缺的角色。采集而来的各种野菜是日常生活饮食的组成部分，也是适当的调味品，采集活动本身更成为哈尼族象征性的习俗得以留存。

重重叠叠的大山虽然为哈尼族提供了丰富的食物资源，但是山高路崎、交通不便的现实，也让生活在这里的哈尼族在历史上长期处于封闭的、自给自足的农耕生活状态，很少与外界接触，商品观念十分淡薄，即便偶尔发生交换，也只是以物易物。长期形成的生活习惯，甚至让旧时的哈尼族形成了从事经商活动或出售物品来积累财富是一种不道德行为的观念。在哈尼人看来，即使出售少量物品，也只限于农副产品，一般谷米粮食则只可借贷或送人而不可出售。因此，长期以来，哈尼族地区的商品经济一直难以发展。

进入明朝，中央政府开始在哈尼族地区辟驿道，疏河运，兴集市，内地汉人纷纷迁入哈尼族地区从事商业贸易活动，哈尼族封闭的经济、文化首次受到了冲击，商品交换日趋繁荣的景象开始在哈尼族聚居区出现。新中国成立之前，虽然哈尼族中尚未出现专业的商人，但当地农户或多或少都参与到了商品交换活动中，定期的街市已较为普遍，只不过街市上的流动商贩还是以汉族为主，也有少量彝族，少数哈尼族农民会携自己生产的粮食、蔬菜、水果、禽畜、蓝靛和竹木制品出卖，或直接用物品进行交换，买（或换）回自家不能生产的生产生活用品。

综上所述，物质生活资料的生产活动乃是人类社会首要的社会活动，也是推动各民族社会历史向前发展的基础，其发展程度如何，直接关系到该民族经济生活的状况，每个民族都概莫能外。因此，只有那些不畏艰辛、勇于开拓的民族才可能跻身世界民族之林，哈尼族就是这样一个优秀的民族。

第五节　源远流长的茶道传承——茶叶种植

“普洱名茶喷鼻香，饮茶谁识采茶忙？若怜南国采茶女，忍渴登山与共尝。”在中国文学巨著《红楼梦》里，曹雪芹以传世之文笔，描述了大观园的才子佳人，满怀兴致地品茗女儿茶（普洱茶的一种）的情景。

走进哈尼族山乡，在云雾缭绕和流水潺潺的山坡上，随处可见层次分明、碧绿青翠的茶园。茶树是一种性喜温暖潮湿气候以及半阴性生态环境和微酸性土壤的植物。哈尼族聚居的两山（哀牢山和无量山）四江（元江、藤条江、李仙江和澜沧江）区域群山连绵，在海拔800～2500米的半山地带云雾缭绕，光、热、湿度兼具，非常适合茶树生长。因此，哈尼族山乡自古就是优质茶树的发源地，生长在这里的茶树芽叶肥硕，叶质柔软，满披银豪，深受世人青睐。千百年来，哈尼

采茶的云南哈尼族少女　（邓启耀摄）

人将这些饱经春秋四季甘露滋养、满集天地自然之灵气的新鲜嫩叶精心采摘下来，为人类奉献出一系列名茶精品。

哈尼族自古就有种茶敬茶的传统。勤劳智慧的哈尼民族，积千百年的实践经验，驯化、培育了大量品质优良的茶树品种。在云南勐海县的南糯山半山坡村，有一株哈尼人称为“沙桂茶”的大茶树，树高4.6米，树幅为10.9米，直径约3.8米，树龄超过800年，至今依然古木苍劲、枝繁叶茂，是迄今为止世界上树龄最大的人工栽培型茶树，被国际茶学界誉为“世界的茶王树”。据考证，这株“沙桂茶”是哈尼族迁居当地约600年后种植的，在此之前，哈尼族已经有人工栽培茶树的历史，沧桑变迁，老茶树因各种原因相继死去，留下这一古茶树园里的“小字辈”存活至今，成为世界茶树之王①，也以它苍老却依然矍铄的面貌唤起人们对千年时光荏苒的遐想。

哈尼山乡的茶叶多为大叶茶，而在很多茶学家看来，大叶茶的品质往往在红茶和小叶种茶之上，因此，很多地区都会从滇南引种优质大叶茶种，但由于生态环境的差异，种植的大叶茶很难达到原产区的品质。正因为如此，哈尼山乡出产的普洱茶常常被奉为茶中茗品，招来四方文人雅士的追捧，成为人们争相吟诵赏玩的对象。

自古以来，赞誉普洱茶的诗词不胜枚举，从汗牛充栋的史记文献中可以看出，早在唐朝时期，滇南哈尼族茶叶就已经远销全国各地。进入宋朝，围绕普洱城方圆上百里的哈尼族聚居地区，形成很多茶交易集市，普洱城更成为茶马互市的重镇。到了明清时期，哈尼族种植、管理和加工茶叶的技术日臻完善，哈尼族茶文化进一步发扬光大。如今，在哈尼族聚居地区都普遍建立了精制茶厂，制茶工艺在保持传统技法的基础上融入现代工艺技术，不断推陈出新，汇集成以普洱茶和

① 白玉宝，王学慧著．哈尼族天道人生与文化源流．云南民族出版社，1998：443～444.

绿茶为代表的哈尼名茶系列。哈尼族聚居区的各级政府，都把茶叶种植作为一项古老而新兴的重要产业，在政策、资金、技术和相关物资方面给予茶农有力的扶持，旨在使茶叶种植和加工这一传统优势产业打造成新的经济增长点。

第三章

和谐共生的哈尼文化

第一节　善黑却不失多彩的服饰文化

“山有多高，水有多高”是哈尼民族聚居地的真实写照。世居群山之中的哈尼族早已与大山融为一体，山水文化的蕴含贯穿在本民族生存与发展的过程中，体现在本民族的传统习俗与节庆活动中。

长期生活在大山中的哈尼族自古有着善黑的传统。有这样一个传说：古时，哈尼族其实喜欢穿浅色或白色的衣服。有一天，一对母女上山采药，却与鬼不期而遇。逃跑中，母女两人的衣服不停地碰擦到两旁的靛叶，慢慢地从青变黑。黑色的衣服在茂密的丛林中障避了鬼的视野，使母女两人最终安全逃脱。从此，为了防止鬼的伤害，哈尼人便由尚白变成了尚黑。

传说中的神秘色彩也许缺乏足够的科学解释，但是，联想到哈尼族生活的自然、地理情况，黑色对于他们来说，也许是最易得也最适合的选择。所以，哈尼人都喜欢用自家染织的藏青色小布做衣服，男子多穿对襟上衣和长裤，以黑布或白布包头，老年人多戴瓜皮帽，西双版纳和澜沧地区的哈尼族穿右襟和对襟上衣，沿襟镶两行大银片和

银币，两侧配以几何纹布，以黑布包头。妇女服饰最为多彩，因地而异，但都较能体现本民族的特色。

红河等地的哈尼族妇女喜穿右襟无领上衣，以银币做纽扣，下穿长裤，盛装时外加披肩一件，有的还系花围腰，打花绑腿，在衣服的托肩、大襟、袖口及裤腿上，都镶上几道彩色花边，坎肩则以挑花做边饰。

墨江哈尼族人口多，服饰因支系有别："豪尼"穿无领右襟青布衣，下着长及膝短裤，腰系白带，头包蓝布或彩色头巾；"碧约"穿白长衣和藏青色土布桶裙，腰束"巴子"，头悬红豆，耳坠大环，发巾结于头上；"西摩洛"上披黑衣，无纽，外钉成排银泡，腰系白短裙，头用布扎成角形，脚腿上扎有浸过油漆的藤黑线。

西双版纳和澜沧一带的哈尼族妇女下穿及膝的折叠短裙，打护腿，平时多赤脚，年节穿绣花尖头鞋。少女或年轻妇女喜爱以银链和成串的银币、银泡作胸饰。戴耳环或耳坠。

哈尼服饰　（文真摄）

澜沧、孟连等地的哈尼族妇女喜戴大银耳环，蓄发编辫，少女多垂辫，婚后则盘结于头上。以黑或蓝布缠头或制作各式帽子，上镶小银泡、料珠，或者坠上许多丝线编织的流苏。

成婚前后的妇女，在服饰上有明显区别：红河、墨江一带盛行未婚垂辫，已婚盘顶；墨江部分少女头戴青布小帽，系白色或粉红色围腰，婚后取帽，改系蓝围腰；西双版纳及澜沧的哈尼族未婚妇女裙子系得高，紧接上衣，已婚妇女则系得较低。

第二节　简单却重礼俗的饮食文化

哈尼族生活的地区气候温和，雨量充沛，植物丰富，森林茂密，以山地水稻农耕为主要生产方式，这些都决定了他们日常饮食的特点和结构内涵。

不言而喻，以水稻种植为主的哈尼族常年以米饭为主食，而玉米、旱谷、荞、麦、高粱等其他补充粮食则量少单一。为适应山区农事活动及劳动强度的需要，哈尼族饮食的制作、口感和用餐方式等也形成了自己的特点。一般而言，哈尼男女均喜食生蒸米饭即二熟饭，其制作方法是先将大米用清水浸泡约 6 小时，然后控干水分，入甑生蒸，蒸至半熟后即倒入专门的大簸箕或木盆中，洒上适量的甑脚水，用一片特制的木片翻撮拍打六七道，便任其摊晾在簸箕中，三四日后即可食用。这种米饭不但可口抗饿，而且不失营养，非常适合进行大量体力劳动的人食用。

除日常的米饭主食外，哈尼族还特别喜欢一种特殊的米食——糯米。哈尼族一般将收获的糯米做成一种当地独具特色的食物——糯米粑粑，这种食物宽圆净白，一般长 15～20 厘米，为特殊用途或祭品也可更长。因用糯米制成，黏性较强，对于哈尼族来说，这正象征着族

群坚固的聚合力，因此在各种节日礼仪中都不可缺少，并成为哈尼人馈赠亲友的好礼物。

哈尼族对稻米的重视从大片壮观的梯田即可窥见，而蔬菜种植的空间变得非常有限，只有在宅旁、田间空地等零散且面积不大的土地不时可见一些蔬菜的影子，倒是山头林间的野菜较为丰富，很多哈尼女子都会在忙完田间地头的活计之后进山采摘，只要烹饪有方、调料得当，倒也可口殊异，颇具地方风味。

肉食在哈尼族的日常饮食中并不占有重要地位，虽然他们的祖先源于以畜牧为主的北方游牧民族，但由于现实生活地域的气候、地理等条件所限，肉食获取不易，且自我养殖代价颇高，所以，宰杀禽畜往往是节日、宗教活动和婚丧礼仪期间才会进行。

在传统观念和宗教因素的作用下，在现实自然条件和社会发达程度的影响下，哈尼族可以选用的食物种类其实非常有限，还形成了多种禁忌。比如，哈尼男性忌食与自己生日有关的十二属禽畜肉；女性的禁忌更多，水牛、鹅、鹰、鹊雀等及其他不曾宰杀见血的禽畜肉均不会食用，因为在她们看来，吃了这些动物的肉会给自己的孩子带来不幸。但令人好奇的是，不少地区的哈尼女性虽然有许多不可吃的东西，却偏偏有着食土的癖好，甚至每日必食，一次食用的量为10～30克，否则就会夜不成寐。这种奇怪的嗜好在有些老年哈尼妇女身上已经持续数十年。有学者考究发现，哈尼妇女食用的土是无砂的胶泥土，土中含有铁、钙等多种元素，似能补充人体所需之不足，食用时需炕干至发香。从宗教文化上看，这种习俗也有着千年的历史，即古时每当建村立寨之际，都需要确定村中女性取食胶泥的具体地点。

除作为主食的米饭外，哈尼族菜肴的烹调技术都较为简朴，凉拌、煮、炒、蒸、烧、烤是他们常用的几种方法。作为配菜，哈尼男女普遍喜食酸、辣味食品，家中一般常备腌制的肉、干巴和酸菜，打猎所得的野味、节日祭祀吃剩下的肉品以及林间树梢采摘回来的野菜等都是可以腌制且长期储备的好食材。

哈尼菜肴 （张国声摄）

哈尼族的饮食礼仪根据日常、待客、喜庆、宗教等不同目的有不同的规定和内容，通常而言，长者都被置于最优先的地位，最重要的位置、最好的食品、最先的品尝机会都会留给一村或一家之长者，环坐左右或下侧的晚辈只有当长者象征性地饮了第一口酒、吃了第一口菜或者念过一段祈祝语后才能举筷进食。而各种禽畜的心、肝、胃等内脏更是长者专享的食物，因为在哈尼族看来，这些部分正是各类禽畜最精华的部分，是祭祖先、奉神灵的供品，只有地位高的人才可以享用。

除尊敬长者外，哈尼族的餐桌上还严禁浪费。“吃饱时要想到饿肚子的岁月，穿暖衣时要想到光身子的岁月”等流传了千年的民谣常常哼唱在哈尼族长者的嘴间，而青少年的头脑里，也早已被灌满因浪费

食物而遭到报应的各种警示名言和神话传说。有一则神话是这样说的：远古时，哈尼族连续几年喜获丰收，便开始不再注意珍惜粮食，吃剩的饭菜被随意倒掉。灾难开始降临，颗粒无收的年份接踵而至。绝望的哈尼人去向天神摩咪求援，摩咪指着山一般的一堆食物对哈尼人说："这就是你们这些年倒掉的伙食，现在你们也只有靠着它来渡过饥荒了！"从此后，哈尼人深记这次教训，再也不敢随意倾倒粮食，就连吃饭时掉在桌上的饭粒都会一粒粒拣回碗中。

第三节　"长街宴"与同吃同乐

哈尼族待人诚恳、热情好客，有好东西总乐意与人分享。在所有哈尼族的待客风俗中，最负盛名的首推"长街宴"。"长街宴"是哈尼族最具特色的传统节庆活动，每到"十月年"来临，哈尼人都会在山寨里摆上酒席，邀约全寨人聚在一起欢度节日。

"十月年"是哈尼族最大的节日，按照他们古老的历法，每年农历十月第一个辰龙日为本民族新年之始（相当于汉族的大年初一）。新年当天，每个寨子要共杀一头猪。猪无论大小，肉按户平均分配，哪怕心、肝、肺、肠、肚等数量有限，也要家家都分到。到了下午，各家各户用分得的猪肉和下水祭献祖先。节日里阖家团聚，还邀请附近其他民族的好友参加。讲述节日的来历和民族的历史，特别是少不了传唱古老的民歌。

到了新年的后半期，每个寨子都要在寨中心摆上长长的酒宴，全村共饮同乐，庆祝象征他们团结和睦、吉祥幸福的传统节日。这就是"长街宴"，俗称"街心酒"或"长龙宴"。若是小寨，"街心酒"一个下午就可结束，若是大寨，则按户划分为三组，分三个下午举行，每组轮流做东道主。

长街宴 （陈安定摄）

按约定的日子，做东的各户人家，一大早就把自家的方桌抬到清扫干净的街心，一张接一张地摆放好，百来张桌子连成 100 多米的长龙。午后，经一声招呼，做东的各户人家争先恐后地把拿手好菜和美酒摆上桌。哪家的酒菜越好，就越有体面，所以许多人家连自己平时都舍不得吃的美味佳肴都会一一端上桌来。一眼望去，鱼雀、江鳅、鲤鱼、竹笋、木耳、蘑菇、大肥鸡……每桌二十来碗，桌桌飘香。

在锣鼓喧天的热闹气氛中，全寨男女老幼无论家境如何，都会穿上节日的盛装，扶老携幼，从四面八方集拢来入席。入席时，主持人龙头坐首席，其他人根据男女性别、年龄层次、兴趣爱好的不同，自愿组合围长桌而坐。各家各户的菜肴上桌时，都先端到龙头面前，让龙头品尝，接受龙头的真诚祝酒。龙头将各家各户菜肴扒出部分，堆在一起，然后又分发到各处去，这种混合在一起的菜肴，示意全寨人同心合力祭神迎龙来和全寨人共度佳节。

宴席正式开始，龙头率领全寨人高举酒杯，祝愿来年风调雨顺。凡参加宴会的人，第一筷夹各家摆在桌子中央切成小块的龙猪肉吃下，示意龙已入心，然后再吃其他菜肴。席间老人们借着酒兴，搬出各种乐器唱歌跳舞。男女青年酒足饭饱后则相约走进竹林，谈情说爱。宴

会一直延续至下午夕阳西下，龙头敲起鼓，绕席走过龙树下，众人合掌相送，示意送龙回家。入夜，酒席散去，青年男女则继续唱歌跳舞，互诉衷肠，直至天明。

长街宴　（王超摄）

从民俗学视角看，哈尼族的长街宴所折射出的就是一种“有福同享，有酒同乐”的朴素享乐观。长街宴不仅仅是哈尼族村寨内部的狂欢，如有路人遇上长街宴，吃宴席的人就会纷纷让座，拉你入席，盛情招待，宾主一起吃菜、喝酒、互相祝福，喜气洋洋。在今天许多哈尼族山寨，长街宴已经演变成一种吸引游客的民族盛典，这绵长宴席伴着浓浓的风情，吸引着世界各地的游人纷至沓来，也被呈现在一部部的电影电视作品中，将哈尼人的热情好客传遍四方。

第四节　“阿纠纠”与互帮互助

聚居于大山之中的哈尼族深知仅凭自身或小群体的力量无法与大自然相抗衡，因此在长期的生产生活实践中，形成了哈尼族互相帮助的良好风尚。

哈尼族狩猎、采集或野外祭祀进食时，不论人数多寡，所有的食品均是人均一份，即使只是一个初次“出征”的少年，也不会在长途狩猎的过程中因力弱年小而被抛弃；相反，他得到的食物和猎物完全与身经百战的壮年猎手相当。这种做法也是哈尼人在长期的现实考验面前总结而得的经验和训诫。因为在远古时代的采集、狩猎等活动中，食物获取常常非常偶然，为了解除一些人在特定的时间段内因未获取食物所面临的困境，哈尼族形成了共同劳动、共同消费的习惯。

显然，这种习俗带有浓厚的原始社会平均分配生产生活资料的痕迹，但在此后哈尼族现实的生产和生活中，慢慢变成一个民族共同遵循的道德标准和行为准则，发挥着积极的作用和影响，使哈尼族相互之间奉行团结互相精神，一家有事大家帮，一户有难众人担。这种行为规范被哈尼族称为“阿纠纠”，亦称“昂交交”。

“阿纠纠”，哈尼语意为“调节轮换劳动力”，即在生产的紧要关头，不管哪家缺乏劳动力，一时忙不过来，只要招呼一声，整个村子的人都会来帮忙。如此循环互助、调节互帮，以免延误生产时节。这是哈尼族社会生产活动中必不可少的一种传统风尚，它有效地调节了劳动力，促成了劳动力的合理利用。

“阿纠纠”其实只是对互帮互助的一种普遍说法，在现实生活中，它有着更细致的划分，包括才梯纠纠（轮换栽秧）、才底纠纠（轮换打谷子）、阿扎黑纠纠（轮换砍柴）、其纠纠（轮换挖田地）等一切具体生产活动的轮换。

但不管是哪一种具体生产活动的“阿纠纠”，其宗旨都是团结互相、互相调节劳动力。随着社会经济的发展，人们思想观念的更新，“阿纠纠”风尚也不断扩大其范围，且不断发展其自身内容。由此出现了“阿高高”（交换劳动力）、“阿安安”（出卖劳动力）、“阿欧欧”（买进劳动力）等现象。“阿高高”名为“交换劳动力”，其实内容与“阿纠纠”相差无几，只是形式上打破了民族的界限，范围扩大到了村寨

外、相识人之间。反映了与当地其他民族融洽的关系。而“阿安安”与“阿欧欧”则是哈尼族产生商品意识后才出现的，是哈尼族社会的一大进步。

除了对本族人讲究齐心协力之外，在人际交往中，哈尼族也十分讲究待客的礼节。他们认为客人到家来是“格朗”（幸福和吉祥）来临的征兆。“认舅舅”就是哈尼人的一种充满趣味和善意的民间风俗。在夏日的黄昏或是初春的早晨，如果你路过哈尼山寨，可能会在路边“偶遇”身背幼儿的哈尼少妇，并随手抓一把炒黄豆给你吃。这时，千万不要大惊小怪，因为这是哈尼妇女在“认舅舅”，旨在表达友好和敬意。

传说很久以前，一个年轻的母亲背着孩子回娘家，途中过河时，突然遇见一个吃人的魔鬼。她随机应变，抓起一块石头打过河去，石头飞到对岸，魔鬼以为人飞过去了，就跟着跳过河去。正在这时，来了一个过路的汉子，把魔鬼消灭了。为了感谢过路的救命之恩，少妇领着孩子认他为舅舅。从此，哈尼人家就有了这个习俗。

“认舅舅”一般在孩子满三四个月之后进行。哈尼妇女会带上一包糯米饭，两个熟鸡蛋或是鸭蛋，一两斤炒黄豆上路。当遇着迎面而来的人，不论认识与否，都要请他吃炒黄豆。经过小溪、小河时，则将事前准备的一块扁平圆滑的小石头扔过去，以示消灾除祸，并祝路人路途平安顺利。其实，“认舅舅”这种民俗也隐含着哈尼族寻求“外部”支持的生存诉求。

第五节　多姿多彩的民族节日

哈尼族的传统节日有十月年、六月年，也仿汉俗过春节、端午节和中秋节。红河南岸及内地的哈尼族以农历十月为岁首，这正是粮食丰收的季节。过十月年就是过新年，因而也正是哈尼人欢庆丰收的时节。哈尼族红河地区的哈尼语称“扎勒特”，意即“舂糯米团子”；西双版纳一带的僾尼人（“僾尼”是“哈尼”的别称之一）把过十月年称之为“嘎托帕”，意为“换年”即万物更替。思茅地区的哈尼族称为“合社扎”或“密色嘎”，均为过年之义。①

十月年的节期前后持续约5天，具体日期各地不一，可先可后。但一般都安排在农历十月的属龙日开始，属猴日结束。1987年7月，西双版纳傣族自治州人民代表大会决定，每年1月2～4日为西双版纳傣族自治州哈尼族的新年——“嘎托帕”节。

过年期间，有条件的人家和富裕户都要杀猪、舂粑粑、蒸黄糯米饭敬献天地、祖宗。人们身着盛装走亲访友，求亲订婚；出嫁的姑娘也要带着酒、肉和粑粑等回娘家祭祖过年，充满了年节的欢乐气氛。墨江县的部分哈尼族，在年节里有以家庭为单位欢聚会餐的习惯。此外，还有一种特殊的习俗，前一年嫁出的姑娘们，春节期间要回到村外的山林里聚会，互相倾吐各自的新婚生活，严禁其他男女偷听，如被发现，将受到大家的惩罚。

六月年也是个欢庆的节日，红河地区称为“苦扎扎”，西双版纳称“耶苦扎”。时间一般在夏历六月二十四日前后，节期4～6天。节日里以村寨为单位杀牛祭“秋房”，牛肉分给各户带回祭祖。青年们欢聚一堂，一同打秋千、摔跤、狩猎、对唱山歌，内容丰富多彩。在西双版纳地区，年节期间无论已婚或未婚男女，都可以自由参加一切社交活动，互不干涉。而在其他地区，只有在酒歌中反映了这种特殊的早期习俗。

---

① 雷兵著．哈尼文化史．云南民族出版社，2002：354.

参加嘎汤帕节的哈尼族姑娘　（刘建明摄）

哈尼族使用的传统历法基本上是夏历。每年分十二个月，每月都是30天，几年一闰。全年分3季，每季4个月。“造它”为冷季，相当于夏历的秋末和冬季；“渥都”为吹风转热之季，约当夏历的春季和初夏；“热渥”为湿热的雨季，约当夏季和初秋。日以12生肖命名，与夏历推算法完全相同。“布谷鸟”被称为季节更换的信号使者，民间传说它是勇敢的哈尼族青年阿罗专门从天上找来报季节的神鸟。

第六节　口耳相传的文学艺术

哈尼族文学丰富多彩。在新中国成立（1949年）之前，由于没有文字记述，哈尼族文字尚处于口头文学阶段，依靠世代口耳相传保存下来和不断充实提高。它所反映的内容广泛，体裁丰富，有神话、故事、诗歌、谜语和谚语等。神话和传说是最古老、数量最多的部分。绝大部分都保留在史诗中，代表作有《创世纪》、《合心兄妹传人种》、

《奥色密色》、《古老时候的人》、《母女俩的故事》、《砍大树》、《哈尼祖先过江来》、《在察腊丫口上》等。《奥色密色》是哈尼族地区流传最广、影响最深、保存较为完整的一部神话史诗。全诗由“开天辟地”、“民族起源”、“兄妹成亲”、“民族迁徙”、“分年月日”、“安家”六部分组成。它不但是一部优美的文学作品，而且是一份珍贵的具有重要史料价值的民族学资料，它为我们研究哈尼族形成、起源、迁徙等重大问题提供了线索和佐证。哈尼族的诗歌内容极其丰富，有反映宗教和生活习俗的，如《祭龙规矩歌》、《叫谷魂》、《老人安葬歌》、《讨媳妇的歌》等；有反抗土司压迫和歌颂人民反抗斗争精神的，如《好的东西土司要》、《威震四迭岩》、《白旗下坝》、《巧退敌兵》、《智取通关》、《枪打黑脚杆》、《坚守过得岩》、《多沙阿波》等；有反映现实生活、反抗包办婚姻、赞美纯洁爱情故事的，如《十二月的生产调》、《不愿出嫁的姑娘》，等等。叙事长诗在哈尼族民间文学中也占有重要地位，已收集和整理到的有《阿基洛奇洛耶与扎斯扎依》（即《英雄与花朵》）、《妥底玛依之歌》、《姑娘帮工歌》等。《阿基洛奇洛耶与扎斯扎依》塑造了两个不妥协的反抗者的形象，全诗长达3400余行，有序歌和尾声，从形式到内容都较为完整。

此外，哈尼族的民间故事和民歌也绚丽多姿，内容十分广泛。有揭露和抨击统治阶级凶残、愚蠢，表现劳动人民勤劳、智慧的《吃米的故事》；有描写劳苦大众不畏权势蔑视皇权的《山阳林的故事》；有借宝物惩治敌人的《奇异的鹅蛋石》及讽刺、鞭挞统治阶级当权人物的《狗老爷开秧门》、《牛倌与蛇姑娘》等。在民间故事中，描写爱情题材的也很多，如《阿表与龙女》、《白鸟衣》、《红鱼姑娘》、《牧童》、《野蔷薇》等篇，歌颂了哈尼族人民不畏强暴、忠于爱情、追求幸福的美德和理想。哈尼族的民歌主要分为“哈八惹”和“阿其古”两大类。“哈八惹”即酒歌，多在祭祀、节日、婚丧等隆重场合由“米谷”或老

年人唱，调子庄重低沉，如泣如诉。“阿其古”即山歌，主要歌唱爱情和生产生活方面的内容，以爱情题材居多。曲调有欢调、悲调、放牛调、花花调等。以男女问答式的对唱为主，也有独唱，声音高亢洪亮，委婉动听。

哈尼族是个喜爱音乐、能歌善舞的民族。而且这种歌唱都是在劳动生产和日常生活中形成的，表达着不同场合与情景的心声。在哈尼族传统社会中，无论男女老少都有随身携带乐器的习惯，小伙子们爱的是三弦和四弦，姑娘们喜欢“把乌”和“响篾”（一种小型的竹制吹弹乐器）。每逢节日和盛大的祭祀场合，大家相聚一块儿吹拉弹唱，气氛十分热烈。大多数情况是本村群众在一起娱乐，有时几个村寨甚至几十个村寨凑在一起，夜以继日，热闹非凡，许多民间歌手大显身手，同时又是本民族歌舞的一次大普及。诗言志，歌咏情，诗是歌的内容，歌是诗的表现形式。用以伴奏的“把乌”是哈尼族特有的乐器，以细竹管制成，形如笛。吹起来音调幽雅深沉，宜于抒发感情。舞蹈内容常与古代的传说有关。红河地区流行最广的有三弦舞、四方舞、扇子舞、乐作舞、木雀舞、拍手舞、钱棍舞等。木雀舞始由元阳县麻栗寨创作。相传该寨一姓芦小孩生了恶疮，百治无效，后因得小雀的帮助而康复，故跳木雀舞以作纪念。此后，附近各寨凡生第一个男孩，大家都要跳木雀舞为小孩祝福。此外，出殡时跳乐作舞，节日跳钱棍舞，平时青年们喜跳三步弦和拍手舞。墨江一带最具特色的是大鼓舞，风格粗放热烈，具有欢庆丰收的节日气氛，各种舞蹈都有固定的舞曲，三弦、四弦是最常用的伴奏乐器。

哈尼族的工艺美术品也以素美雅致而远近闻名。妇女们能用绣、挑、扣等方式刺绣各种图案和简单的花卉。受汉族影响深的，也能绣龙、凤、鸟、鱼等较复杂精美的图形，色彩鲜艳和谐。西双版纳的哈尼族还能用彩色线织成有美丽图案的花布和背包。墨江哈尼族编织的细篾斗笠帽堪称一种精制耐用的工艺品，为各族人民所喜爱。此外，不少男子还能从事平面和立体的木料雕刻，式样朴实可爱。

哈尼刺绣　（杨兴斌摄）

第四章

神灵庇护的哈尼族山乡

第一节　系在山腰上的哈尼村寨

在云南39万平方千米的红土高原境内，大山大河基本上都呈现由北向南的纵向走势，尤其在滇西，从“世界屋脊”的青藏高原延伸下来，雄浑的横断山脉由北向南继续延伸，随后过渡到滇中的点苍山，再往南分叉为并行的哀牢山和无量山，最后抵达中越边境的河口县以及中老和中缅交界的西双版纳热带雨林区域，在这直线距离不过1000千米的崇山峻岭区域，山高谷深，地势险峻，海拔落差巨大，缔造了纷繁复杂的地形地貌。正是这种大自然的神奇力量造就了当地民族聚居的多样性，各民族在长期的族际互动与环境应变中确立了各自相对固定的聚居地盘。有这样一种说法是：“傣族住在山脚（坝子）；拉祜族住在山顶；哈尼族聚居在半山腰。”对照现实，这种说法对拉祜族并不完全正确，但对于哈尼族来讲，俨然是一语中的，非常之贴切。

如前所述，哈尼山寨的“森林、村寨、梯田、水系”构成了一个良性的生态循环系统。哈尼人就选择在半山腰上建寨定居，山顶高处是涵养水源的森林，森林之下是星罗棋布的村寨，村寨之下就是连片的梯田，而蜿蜒迂回在山间的大小沟渠，就好像纽带一般将森林、村寨、梯田三者紧密串联在一起。

镇沅哈尼山村　（罗淳摄）

大山里的农田劳作不可能像平坝田地那样大面积展开。由于山高谷深，即便站在山腰上可以跟对面山坡的人对话，但要走过去，却往往要花上两三个小时。这种地形对农业生产的耕作半径形成限制。鉴于此，哈尼村寨规模都不能太大、太集中。当村寨人口增加到一定规模，原来的寨子承载不了更多的人口聚居时，哈尼人就会寻找新的适合修建村寨的山坡地，重新雕刻大山、开垦梯田。年复一年，依照这样的生存发展模式代代相传，一个个哈尼村寨就不断地在大山深处被复制出来，哈尼族的民间歌谣《哈尼阿培聪坡坡》中就有“大寨生出小寨，小寨生出新寨”的生动演绎。

当然，无论从民间风俗还是从地理构造来讲，新寨子的选址都很有一番讲究，并不是随意而定的，要尊重寨里的“摩匹”（亦称“莫批”）或“贝玛”的建议，他们可以与神沟通，传达山神的“旨意”在

适合的山坡上选址。其实，这些被尊称为“摩匹”或“贝玛”的“圣者”都是一些生存经验十分丰富的长者，他们凭借长期积累的经验和对大山的熟悉，深知村寨选址的秘诀。在“摩匹”和“贝玛”看来，适宜哈尼族居住的应该是一座森林茂密而且水量丰沛的山头，在充分保留山顶森林植被的前提下，海拔1200～2000米的半山腰是最适合筑寨建村的地方，梯田就开垦在村寨下方的坡地上，梯田与村寨一般保持100～200米的距离。这样做形成的“森林、村寨、梯田”三位一体的空间结构，在山间水系网络的缠绕中缔造了一个有机的生命系统。随便走进一个哈尼村寨，举目可见大片保护完好的茂密森林，从山林中涓涓流出的溪水，绕村串寨，如网状一般分布于每家每户，满足村民的生活用水，然后再流向梯田，滋润万物，最后汇入山谷江河流向大海。

哈尼族的房屋大多建盖在面向南坡的半山腰上，星罗棋布地隐现在绿树丛中，恰若一簇簇生长的蘑菇被统称为“蘑菇房”，但实际上这些房屋有着不同的式样。红河及墨江等内地哈尼族的住房一般是土木结构的楼房，土墙木柱，屋顶有平台式、双斜面式和四斜面式几种。平顶的“土掌房”较为普遍而实用，既便于取材防火，又可将房顶作阳台晒场。内屋布局多为三间，两侧耳房住人，中为堂屋，以会客兼生火做饭，只有大户人家才会单独另盖厨房。楼板多用竹木编成，较为简易，一般用以堆放粮食和杂物。西双版纳和澜沧等地的哈尼族住竹木结构的竹楼，但较傣族的简陋狭小，楼下堆放农具什物，饲养家禽家畜，楼上住人，一般分隔为前后两间，男子住前屋，妇女和小孩住后屋，接待宾客均在前屋。

每每旭日东升，系在重重大山腰间的哈尼村寨就在云蒸雾绕中醒来，若隐若现，宛若仙居；每当夕阳西下，山腰上的哈尼村寨就被渲染得金光灿灿，褐色的蘑菇房好似被镶上了一层“金边”，股股炊烟从房顶袅绕升起，亦真亦幻，煞是迷人；而当夜幕低垂，哈尼山寨变得格外宁静而安详，劳作了一天的人们在倦意中伴着希望渐入梦乡，仿佛一切都趁着夜色被收纳在了大山的怀抱中。

元阳哈尼族新建民居　（王超摄）

第二节　“万物有灵”的传统自然崇拜观

在生产力不发达和知识认知十分有限的情况下，人们将变幻莫测的自然力视为各种神灵，认为世间万物皆有灵，因此对大自然充满虔诚的敬畏之心。哈尼族聚居于大山之中，村寨周围山高谷深，浓密的森林、阴森的箐谷、湍急的河流……充满神秘且相依相存的生存环境，让哈尼族在最初的世界认知中形成了“万物有灵”的自然崇拜观。

在哈尼族的诸多传统宗教祭祀活动中，其主要崇拜对象是魂、鬼、神。人们通过经常性的祭祀活动，力图讨好取悦各种神灵，以求达到保护人、粮、畜的目的。

哈尼族称灵魂为“约拉”（或“约哈”）。哈尼族的宗教信仰认为，婴儿出生落地之后，从父母杀鸡为其起名之时起，一个人的灵魂就已

形成，并附着在婴孩身上；人的一生必须拥有十二个灵魂，缺一个都不行，灵魂的完整至关重要。在哈尼族看来，灵魂可以离开人体而独立存在，但人体没有灵魂就无法健康地生存，灵魂越少，人越容易生病和死亡。

哈尼族的鬼崇拜是在人死魂不灭的观念支配下形成的。在人们的心目中，魂和鬼有着明显的区别——活人有灵魂，人死魂变鬼。且鬼有善恶之分，哈尼人认为在家正常死亡的人属于善鬼，在野外非正常死亡的人属于恶鬼。他们死后不能与祖宗连谱，成为没有归宿的游鬼，因而觉得更加可怕。同样，在哈尼族原始宗教观念中，神与鬼也有明显的区别，认为鬼是充满邪恶、仇恨而低下的东西，人一生都在与其争斗。

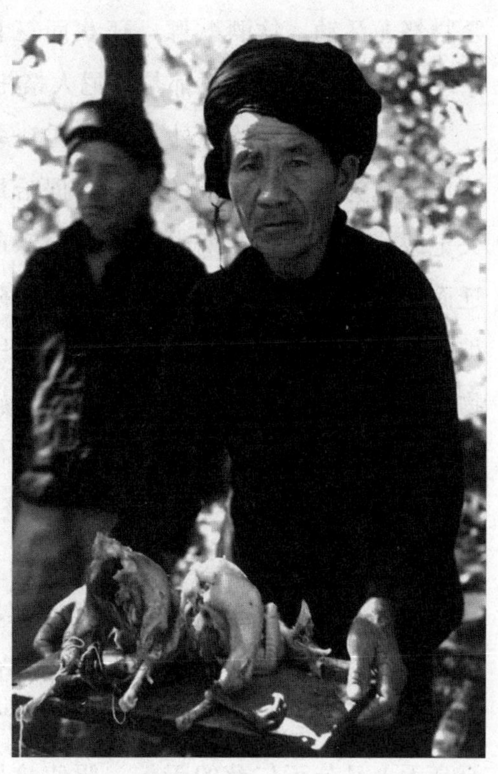

哈尼祭龙树仪式 （刘建明摄）

在哈尼人的原始崇拜中，神是永居于人间的最威严的主宰者。哈尼族的神灵崇拜十分复杂，自然万物几乎都化为神灵，山神、风神、雨神、火神、树神、岩神……无所不在，在此基础上又出现了更为抽象的神灵，如战神、乱神、败神、挤神、咒神等，形成了一系列的神谱，使多神崇拜成为哈尼族中普遍存在的现象，比如，生活在红河地区及内地的哈尼族崇拜的神灵众多，主要有天女“奥玛”、地神

"阿奥"、山公"搓司搓欤"、山母"腊必腊衫"、龙树神"阿玛阿搓"及家神"合沙尼沙"等。这其中,"奥玛"被尊为最大的神和万物的创造者,龙树被认为是人类的保护神,每个家族都有自己的龙树,村寨又有共同的龙树,每年夏历两三月间,各寨、各家族都要举行隆重的杀牲祭龙活动,饮酒歌舞,狂欢而三日。此外,三月的祭山,六月的祭水,七月的祭天等也都是哈尼人祭祀不同神灵的重要仪式。

除了具体的自然神外,还存在众多抽象的神灵,其中"摩咪"被哈尼族视为最至高无上的天神。据哈尼迁移史诗与汉文字史籍中的有关记载,在哈尼族早期先民历尽艰辛的迁徙过程中,自然景物随着游迁而变化,唯有天上的日月星辰如影随形,一直相伴着哈尼族不断迁徙。日月交替、斗转星移在哈尼族先民的心灵深处留下了一个主宰万物、至高无上的太空神灵形象,哈尼族将其称为"摩咪"。"摩咪"近似于汉族心目中的玉皇大帝,但无具体形象,也无具体住地,更不会下降于地面,"摩咪"只永远居住在茫茫太空之中,时时关注着地上人间所有生灵,掌控着人间的生杀大权,赐福善人,降罪恶人。

"摩咪"制定有若干限制人类罪恶行为的天规,其中最主要的有三条:不偷窃,不行骗;尊长敬老,严守祖训;严禁异性血亲交媾通奸。在哈尼传统观念中,"摩咪"就是这样一个高悬天上、看不见摸不着、至高无上且公正仁慈的天神,驱使哈尼人必须心怀虔诚与敬畏,恪守天规。在哈尼族的日常生活中,人们相互之间产生误会或发生纠纷时,常常会用"让天上的'摩咪'看见我"来表明自己襟怀坦白、行为端正,而争执的对方就会受到"摩咪"的惩罚。如果有人暴病或非正常死亡,或家庭逐渐衰败,会被认为是触犯了"摩咪"的天规所致。在哈尼族的原始宗教观念里,天上虚幻的"摩咪"实际上成为调适哈尼族道德规范的公正无私的审判官,其意志就是哈尼族社会道德规范的基本准则。但有意思的是,虽然哈尼族有许多祭祀不同神灵的仪式或

节日，却偏偏没有祭奉“摩咪”的固定仪式，也没有专门的贡品和牺牲，只是在节日和其他祭献地上诸神的典礼进行时，脑海中不时浮现祭献“摩咪”的意念而已。

在天神“摩咪”之下“主掌”哈尼族社会道德规范的神灵是寨神（或地神）“咪收”。根据哈尼族的民间传说，寨神“咪收”是哈尼族原始宗教中一位善良可亲的女神，她是天神“摩咪”之女，受“摩咪”派遣，分据于人间各个村落中，保佑村中善人幸福安康，让村里时时荡漾着和暖的气氛，也庇护田里的庄稼年年丰收，牛羊满山坡。每年春季和夏季，哈尼族各村都会择一吉日，在村中广场杀猪祭献“咪收”，这一日子被称为“咪收罗”，意即“宴请大地女神”。

魂、鬼、神在哈尼族的精神世界中占据着重要的地位，但是，在他们的宗教观念中，却没有轮回转世、死后升天、进入极乐世界的观念。哈尼族注重今生、轻来世，通过各式各样的宗教活动，保持灵魂完整，乞求各种鬼神不要加害于人。可以说，哈尼人对待神灵的态度十分虔诚，在各种宗教活动中，凡叫魂、驱鬼、求神都必须由宗教人士“贝玛”来主持进行，特别是在驱鬼求神活动中，贝玛是绝对的主导者。

第三节　“丈口勒”与鬼魂的搏斗

在哈尼人的传说中，人类和无处不在的各种鬼魂原是同祖先的同胞兄弟，后来因为不和而分了家。鬼魂在天地间游弋，无体无状，随时能够变为各种各样的物体，或隐于其他物体之中。哈尼人把一切生活中的祸害都归罪于鬼魂的伤害。因此，哈尼人居住的地方容不得鬼魂的入侵。可以说，哈尼人建寨仪式的根本目的就是“驱逐鬼魂”，在哈尼语中，这一仪式被称为“丈口勒”。

“丈口勒”仪式仅限于阴历冬月十七日以后的12天之内举行，具体日子由“贝玛”选定。仪式从所择吉日的黄昏时分开始，这是因为在“丈口勒”仪式举行的过程中，如果有路人经过就会被鬼魂附体，生病至死。因此，仪式一般都要等到路人行人稀少、周围村寨的人渐渐进入梦乡后举行。参加“丈口勒”的人为单数，多为男性长辈，外加一名“贝玛”和一名化妆成鬼的人，女子禁止参加。

“丈口勒”要求寨子中所有住户都要派出一或两名男性参加，每个人象征性地背着被子和席子，按长者领头、小辈随后的顺序，伴着一阵阵铓鼓声和明火枪声从旧寨往新寨走去。离开旧寨时，一名选出的男性长者要到旧寨的神树林里取一枝带有枝叶的新鲜锥栗树枝、抓一把泥土，带到新寨去。到达新寨后，在新寨基中心燃起一堆大火，作为新寨的心脏，人们围着大火团团而坐，口中还要念念有词道：“这里六畜兴旺，五谷丰收。”

接着，由人装扮的鬼上场了。“鬼”面涂奇异纹路，反穿衣服，倒披蓑衣，故意露出一副被人追赶、惊恐万分的神情，左躲右藏。其他人在“贝玛”的率领下，对“鬼”追逐不已，每人手中各拎着公鸡、母鸡、扫把等不同物品，一路追“鬼”，一路撵过新寨的每一寸地基，因为只有撵过的地方才不再有鬼魂的侵扰。

这样一直把“鬼”撵到野外荒郊，并为鬼建起一间象征性的小型“鬼屋”，在鬼屋外杀鸡宰狗祭鬼神一番，追逐的男子们又在“贝玛”的率领下返回新寨，并由“贝玛”为全体安寨立业的老幼举行集体叫魂仪式，并杀鸡分食，这样才宣布仪式结束。而在新寨中心点燃的那簇大火，在所有迁居者搬入新房之前会昼夜不熄，并派专人轮流守护火塘。守火人在第一晚听到的第一种声音非常重要，如果是人声或禽畜鸣叫，表示“丈口勒”成功，这里已经是将会得到神灵庇护的干净之地，可以建寨立业并且寨子未来也会繁荣昌盛；如果听到的声音是

小鸟鸣啼声，那么这里还有微弱的鬼魂留存，但人可以战胜；如果是野兽的嚎叫声，则表示这里的鬼魂还没有被驱逐干净，“贝玛”的咒语没有发挥效力，只有另请“贝玛”重新进行占卜，直到选定新的建寨之地为止。

在今天看来，“丈口勒”这种民间仪式似乎带有浓厚的迷信色彩，但其所达到的预期效果对于建寨选址来讲，还是颇有助益的，而且其中所隐含的行为规范在现实中具有约束力，可阻止人们随意开山建寨的行为。因此，即便是在科学知识已经深入乡村的当代，在一些哈尼山寨仍然可以看到“丈口勒”仪式。

第四节　神灵“看”进我的家

哈尼人择山腰而居，周围山高坡陡、沟壑纵横，很难得找到一块像样的平地。远远望去，哈尼人家褐色的蘑菇房散落在群山之中，在蓝天绿海的映衬下显得十分渺小，仿佛随时都有可能被大山所收纳。面对大自然如此的威慑力，哈尼先民在房屋的布局上，形成了一种有效的应对策略——“相地术”。

相地术的根本目的是求得四方魂灵的护佑，不对宅屋造成伤害，它包含了哈尼人远古时代最朴素的哲学认知，它认为宅屋所处的四周地貌，最理想的是四面远处有突兀的山包峰峦，宅屋背靠茂密的丛林，近处有流油的河溪。通常情况下，屋基面东向西，横行南北。这种理想家园的隐喻是：四面的山包表示天公、地母，山林、河溪及流水代表人类生存的域界。南北方向是先祖迁徙的路线，而神灵在东方显现，西方是人身亡故的落脚之地。如果地势甚佳，人生即得平安。

因此，哈尼人选择寨址居地时，房屋以坐南朝北为吉，整个村寨，南面为人居之，西面为万物鬼魂隐居之地，北面为先祖迁徙前所居之地，寨门主要建置在靠西的路边，以利驱挡鬼魂。而在村寨的东面，一定要有一片山林作为村寨的神树林，即神灵的栖息之地。

在哈尼人的信仰中，神树林绝不是一般意义上的树林，而是天神亲临人间时附体栖身的地方，就是传说中的“神宫”。每个哈尼族村寨都有这样一块赋有信仰意味的神圣林地，根深枝长的藤条和高耸入云的树木将天地连接，让人顿生敬畏之感。神树林一般葱绿茂盛，密扎阴沉，似乎其中真的居住着不容侵犯的生灵；挺拔粗壮的树木一棵挨着一棵，交错勾搭的枝蔓层层累叠，像是一堵绿色的墙壁将整个山包遮蔽，如同受到神祖的庇护。太阳光从树缝间射来，亮闪闪，直溜溜，闪放着一种摄人心魂的光芒。哈尼人只要一看到有这样的光射穿绿荫，就会喃喃自语道：“哦，神祖今天来罗。”

按照哈尼人的理解，每个人都要在神山中认定一棵树木作为自己魂灵的替身，若有亡故，其魂能顺由树木直指天界的通道，归返祖先居地。平时天神也百变其身，形随光线栖歇林地，阳光照在哪棵树上，就被认为是帮助某人驱除灾患。因此，只要看到树木被阳光照到，哈尼人就会欣喜狂欢，在他们看来，这正是神灵的慧眼为凡人带来了庇荫。

哈尼人对神树林的虔诚与敬畏之心一直延续到今天，村民都会自觉维护神树林，如果有人胆敢在神树林里砍柴或砍树，必将受到不同程度的处罚。维护神树林虽然出自民族的宗教信仰，但从科学的角度来看，哈尼族村寨的神树林不仅仅是他们神圣不可侵犯的“宗教之林”，看护着哈尼人的生命和信仰，同时也折射出哈尼族“人与自然和谐共处”的生态价值观，无形中对保护当地森林资源起到了重要的作用。在当代人口剧增、资源耗竭、土地锐减的态势下，如何实现人与自然关系的协调发展，始终是困扰当代人的一个难题，在此，哈尼人的生态价值观对人类社会的可持续发展或许具有启示意义。

神树林守护着哈尼人的家，但在哈尼人看来，这样的守护还不仅于此。

传统的哈尼民居——蘑菇房是用木料、泥巴和稻草混合筑成，这种房子虽然空间较为狭小，但透气性好，冬暖夏凉，而且就地取材，既便宜又生态。蘑菇房即使再小，哈尼人也会在屋内用一道土墙隔为里外两间，外间很窄，只做各间小屋的通道和堆放杂物；里间是主屋，人睡的土炕占了很大一部分空间。炕前有一大灶，煮饭和烧水用。炕上以北面的墙为正方，主要安放祭祀神祖的竹龛。哈尼人的里屋四周不设窗户，只靠电灯或炕上的小灶火光照明。平时，就显得黑暗暗的，什么也看不见，加上整天的灶火烟熏，又黑又呛。但在哈尼人看来，这样的环境才能够防止鬼魂的侵扰。

既有同胞之源、又有天地之分的人鬼之争，在哈尼人的生活中几乎无所不在。在哈尼人看来，分家后的鬼魂不愿辛劳，经常悄悄跑到人类的领地偷东西，或者使人害病令人烦恼。为了保护自己，人类根据鬼魂脸短眼瞎、怕呛的特点，把住房弄得又黑又呛，让那些钻进来的鬼魂爬不上炕，看不清人，呛得泪水遮眼害不成人。因此，哈尼人认为，住在几乎看不到光亮的蘑菇房里，就是一种护身保命的好方法。

但是，再黑暗的蘑菇房也会有光透进来。很多蘑菇房东面的墙上常常开有一个小孔，早上的太阳升起时，阳光就会穿过小孔射进房间，随着太阳的移动，“扫”过置于北面墙前安放祭祀神祖的竹龛，也“扫”过里屋的正中地带。如果有人刚好站在这个位置被光亮照到，大家就会觉得天神的眼睛“盯”上了这个人，这个人的福气来了。

有的地方的哈尼人则用木刻的雀眼代表“神眼”。在他们家的屋檐上方，都会钉有一副木刻的鸟状木牌，人们称它为“阿吉”，鸟的两只眼睛用木炭画得又黑又大，让人站在屋前老远就看得清楚，感觉像神灵在凝视着自己。即使是今天一些建起瓦顶砖墙四合院的哈尼人家，也依然坚持让这只天神的眼睛始终“长”在门户的上端，只不过，曾经的木牌换成了更加耀眼夺目的玻璃圆镜，反射的太阳光让人不敢正视，又让人觉得似乎真的可以照出一切暗藏的妖魔鬼怪。

在哈尼人看来，亮光闪现是神灵莅临人间的征兆，亮光也让隐形的神灵有了可辨的象征。因此，哈尼人常常把光亮和红色视为神灵祖先的化身：每家每户都有不可缺少且长燃不熄的火塘随时等候着神灵的到来；给衣装绣上红色，可以摄魂镇鬼、护体安康；亡者的灵柩头部点染红血，神灵就会保佑亡魂安全返归祖地……如果阳光几天几夜没有照进那片寄存了一个家族所有人魂灵的神树林，哈尼人就会变得心神不宁，树木也显得色衰形枯。

漆黑昏暗的哈尼族住宅，其实包裹着他们对光亮的崇敬和重视，除那些千方百计经过小孔、缝隙射进屋里的光之外，哈尼族的生活中还少不了一个重要的成员——火塘。

几乎所有的哈尼族大房（“扭玛”）正中都有一塘永不会熄灭的火塘。哈尼族生活的山区常年阴冷潮湿，需要火和热量来烘焙食物、取暖照明。对于持奉“血亲家族”的哈尼族来说，火糖还有着特殊且更为重要的功能和意义。在哈尼人看来，大房火塘中的火是他们整个血亲家族的中心，是温暖和光明的源，是烹制食物的万能之物，每当劳作了一天回到家中，全家老小围坐在火塘周边，即是一个家族互诉亲情、传颂历史和日常知识的时刻，那些从家中长者口中娓娓道来的古老历史，那些长一辈人向小辈们传授的生产生活经验、伦理道德知识，都在跃动的火光间，将一个家庭的所有成员拉到了一起，给家人无尽的抚慰、温暖和乐趣。

火塘其实成为哈尼人心目中“家”的代名词。因此，哈尼人家一般常年四季塘火不灭，即使是全家外出无人守家之时，也会用火灰小心地捂埋通红的火炭，以保存火种，待回家后，仅用简单而少量的枝

木即可将火塘重燃。每逢节庆祭祀之日，也会特别布置专门的供品来敬献火塘，其意义与敬献祖先神灵等同。

哈尼民居内的火塘　（刘筱林摄）

推而广之，火塘与火对于哈尼族来说，既有着取暖照明、驱逐野兽的现实意义，也有着同亲同源、同吃同享的象征意义；既是一个家庭分享苦乐、代际传承的重要场所，也是一个村寨商议大事、节庆祭祀的重要组成部分。当熊熊的篝火燃起，总可以猜出这个村寨一定有重要的事情发生，或欢歌或悲痛，火光照耀着哈尼族代代传承的精神世界。

第五节　“昂玛拖”的传统祭祀与现代演化

如果你在每年的农历十一月间走进哈尼村寨，很有可能碰到这样的节日庆典：远远地你就能听到古朴雄浑、催人奋进的锣鼓声，那仿佛出自生命本源的强烈节奏，穿透云雾，震撼山谷，荡人心魄；你会看到那身着节日盛装的青年男女，神采飞扬，引吭高歌，翩翩起舞；你还会看到许多神情专注的男女老少围坐在一起，聆听哈尼歌手吟唱哈尼族的创世史诗、神话传说、民间故事、风俗礼仪、生产生活经验……内容丰富多彩，无所不包[①]。

这是哈尼族最盛大的节日之一——“昂玛拖”呈现在今人眼前的景象。哈尼族以村寨为单位散居在重山之间，因此，在哈尼人的心中，村寨有着无可取代的崇高地位，“昂玛拖”正是哈尼人祭祀寨神的重要传统庆典。

“昂玛拖”一般在每年农历的十一月间举行，这实际是一次村社祭祀与农业祭祀、公祭与私祭合为一体的祭祀活动，旨在祈求村落安康，五谷丰登、六畜兴旺。正是因为“昂玛拖”对哈尼族的重要性无可取代，使得这一本只属于哈尼村寨的祭祀活动，随着哈尼族经济社会的发展和外来文化及生活方式的冲击，逐渐演化为一种带有文化整合功能的节日庆典活动，被附加上更多的表演成分，成为外来旅游者了解和体验哈尼族民俗的一种文化活动。

除“昂玛拖”外，在哈尼族一年到头的各种祭祀活动中，全寨性的祭祀活动多样而复杂。

全寨性的宗教活动多与农事活动密切相关，主要有二月的“红石天”，播种前的“换龙巴门”，五月的“鸦卡皮罗”（栽谷年），谷子打苞时的“别我涅”（意为“捉虫”），开谷花时的“卡耶”（意为“祭谷花、祈丰收”），谷子将成熟时的“尼菠尼”（意为“捉蚂蚱”）等，这些节庆活动的名字，生动地再现了不同农忙时节的主要内容。在这些贯穿一整年、随不同季节转换的原始祭典活动中，“换龙巴门”最为重要和独特。

---

① 雷兵著．哈尼族文化史．云南民族出版社，2002：356.

好客的哈尼人在龙巴门迎宾　（祁恩芝摄）

龙巴门即寨门，每寨都有正门一道、侧门两道，寨门被哈尼族视为神圣不可侵犯之物，在他们看来，住在门内的人可以得到村社神的保护和同寨人的帮助，离开了“龙巴门”就意味着离开了神和集体，就会受到惩罚。这种残酷的村寨习俗造成不少人妻离子散、家破人亡，后来才慢慢地演变为一种纯仪式化的祭典，在祭典上通过表演更换“龙巴门”，意喻新一年的开始，将不吉利的万事万物驱赶走，保佑新一年的顺利安康。

主持全寨性祭祀活动的是“儒玛”（汉称“龙巴头”），一般而言，每个村寨都有 1～3 位“儒玛”，他们多从本寨最老的住户中产出，父子相传。许多“儒玛”熟知本族的历史和各种知识，在群众中享有很高的威望，既是原始宗教的传播者，又是原始民间文学的继承者，在哈尼族社会中有着特殊的重要地位。此外，在全寨性祭祀活动中扮演重要角色的还有巫师“贝玛”和“尼玛”，“贝玛”主持念经驱鬼、开路送魂等较大的宗教活动，尼玛给人占卜凶吉，以巫术或草药给人治病。

第六节　“贝玛”的角色与作用

哈尼族的宗教活动有着广泛的社会基础，涉及人们生活的各个方面，如祭天神、地神、寨神、婚嫁、丧葬、占卜、驱鬼、叫魂、求子等，对哈尼族的思想意识、社会生活、生产发展等均有着十分重要的影响。

在前面说到的多种宗教祭祀活动中，都少不了一个重要的角色——“贝玛”，在这些祭祀活动中，“贝玛”有时似巫师，念经驱鬼；有时似权威长老，主持各种仪式。“贝玛”似乎无处不在，却又神秘不可捉摸，他们到底是一些什么样的人呢？

按照哈尼族千百年传承而来的社会沿袭，哈尼族社会由三种能人管理：一是头人，管理村寨大小事务，维护社会秩序；二是“贝玛”，作为哈尼族原始宗教祭司，主持各种宗教仪式活动，为众人驱邪除害，祈祷福禄；三是工匠，负责盖房屋，造工具。恰如哈尼族民间史诗所吟唱的：“没有头人寨不稳，没有‘贝玛’夜不宁，没有工匠百业不兴。”

在唐代以前，头人和“贝玛”是合二为一的，即政教合一的部落酋长制；进入唐代以后，“贝玛”从头人中脱离出来，逐渐形成专职或半专职且与头人相并列的独立身份。同时，为了适应部落社会宗教和文化的需要，“贝玛”逐渐形成了独立的传承制度。各地的“贝玛”都拥有自己的承袭制度体系，一般一个家族或一片地区只有一个“贝玛”，他们大多来自民间普通人家，除了少数丧失劳动力的人外，一般

都不完全脱离生产劳动，在为他人进行宗教祭祀活动时，也能得到一定的报酬。

在具体的活动中，“贝玛”按照不同的职能往往被分为“斯批”、“煞批”和“擦批”三种：“斯批”（又叫西批或诗批）是“贝玛”中最有知识、最有能力和最有威信的人。其主要职责是送别死者、主持丧葬等宗教活动，以及其他较为高级的祭祀活动，一般性的祭祀活动均不参与。“斯批”的新老交替都是师徒相承或父子相传，因而在民间留下了许多“贝玛”世家，但真正能够一直延续至今的“贝玛”世家并不多。“煞批”没有资格杀牛祭祀，不能主持高级的宗教活动，主要进行村社和家庭的各类公祭和私祭活动，能打卦问卜，为人们驱鬼求神。“煞批”的新老接替与“斯批”相同。与“斯批”和“煞批”不同，“擦批”不直接参与驱鬼求神的祭祀活动，其作用在于指出什么样的祭祀活动才能驱鬼求神，或指明灵魂失落在何处等，多以男性角色呈现，他们通常认为自己能通神，能问病决疑。据说他们在进行法事时，有一个叫“艳莫阿麻”的神在暗中提示，因而“擦批”被视作能在人与神之间传递愿望和要求。“擦批”的新老接替不是靠师徒相承，而被认为是后天自然生成的，他们之中有些人懂得一些草药或气功，在人们面前经常以神秘的面目出现，因而具有很大的欺骗性，社会地位不高。

三种“贝玛”有明确的职责，互不干扰，“斯批”和“煞批”是哈尼族宗教人物的主体，他们从不同的角度进行各种宗教事务，且都是天资聪明、能说会道、有知识的人。由于他们在各种祭祀活动中常常需要引经据典、借用哈尼族的远古故事和训诫，因此，“贝玛”不仅是一个显赫的称号、一个宗教的身份，而且被视为学问精深、特别擅长宗教礼仪和吟唱古典经卷的人，是民族文化精英的化身。

具有悠久历史渊源和深厚文化积淀的哈尼族，由于没有本民族的

“贝玛”占卜　（杨红文摄）

文字和文字记载的史籍文献，民族文化的传承都是依靠言传口授代代相传延续而来。掌握本民族传统文化知识，熟悉哈尼族社会风尚与传统礼仪的“贝玛”无疑正是传承这种传统文化的最佳人选，他们能诵读各种宗教祭词，也能流畅地背诵长达数万行的民间诗歌，在没有文字记载历史的哈尼族发展进程中，他们堪称本民族的历史学家、文学家，深受尊敬和拥戴。因此，“贝玛”一词，也有“知识丰富、受尊敬的长者”之意，亦即世人通称的“莫批”（或许是各地方言土语之别，不同地区的哈尼族对“贝玛”有着不同的称呼，哀牢山、无量山地区的哈尼族称莫批、贝玛、批玛、贝莫、白摩、白马、白母、毕摩等，西双版纳地区称背莫、贝玛或追玛）。“贝玛”作为哈尼文化传承中不可或缺的主要角色，既是哈尼民族历史文化 1
知识的传承人和传播者，也是组织哈尼族原始宗教祭祀活动的主持者。

党的十一届三中全会以后，人们对“贝玛”有了更加辩证的看

法。但可以肯定的是，需要承认和发挥“贝玛”在传承哈尼族民族历史与民间文化方面的作用，甚至从保护民族非物质文化遗产的需要出发，将有真才实学的“贝玛”确定为哈尼族非物质文化遗产的传承人。

第五章

“开枝散叶”的哈尼人家

第一节 “扭然”和“阿巴多”里的自由恋爱

十五的月亮圆圆的了，
山里的花朵红红的了，
长翅的鸽子要远飞了，
养大的女儿要出嫁了。
出嫁的姑娘啊，
像山坡坡的麻栗树叶，
飘到哪里就到哪里落，
……

这是哈尼族《送嫁歌》里的传统吟唱词，如今依然回荡在每一次哈尼族的婚嫁仪式中。

在哈尼族中，习惯称青年男子为“阿力（或阿哩）”、青年女子为“阿布”，阿力和阿布的自由恋爱，不仅受到了哈尼族文化传统上的允

许，而且各村各寨还从“硬件”上给予保障。每个哈尼家庭都设有专供未婚青年男女社交的场所——“扭然”。“扭然”是建在每户哈尼人家“扭玛”（即主房）附近的一两间小屋，既是儿女的卧室，也是他们接待爱慕者和谈情说爱的地方。按哈尼人的传统习俗，儿女们一般到十五六岁就应自动搬出大房子，在已经准备好的小屋独立居住，这标志着他们已长大成人，取得了成人资格，可以迈入寻求爱情生活的门槛。到了十五六岁的子女如若仍然留宿在父母的大房子，则会被认为不成器，这会对他们日后的婚姻嫁娶带来不良影响。

与绝大多数哈尼族家庭建有专门的“扭然”不同，白宏、腊米等支系的哈尼人则往往在“扭玛”的二三层至屋顶间留出一个比较大的空间，称为“封火楼”，封火楼通常以木板间隔，既可以储藏粮食、瓜豆，也可供适龄儿女谈情说爱和住宿。当然，除“扭然”和“封火楼”外，田间地头、村边丛林也是青年男女互诉爱恋的地方。

干完一天的劳活儿，吃过晚饭，随着夜幕的降临，男女青年们一对对聚会在“扭然”或“封火楼”里，漫步在田野林间，幽会对歌，谈情说爱。歌声中，相互赞颂对方的聪明、美丽、能干；低语里，互相介绍家庭情况、父母的态度。

哈尼阿布热情、好客、大方、敢爱敢恨，而且酒量好。酒在哈尼人的生活中扮演着重要的角色，甚至在青年男女的恋爱过程中也不可或缺，这一点突出表现在哈尼族奕车支系青年人的“阿巴多”活动中。“阿巴多”在奕车语中就是喝酒的意思，但又不是普通的喝酒，而是未婚男女青年的一种特殊的酒与歌的集体恋爱宴会，是一次奇妙而充满情趣的情与爱的交流方式和聪明才智的比试，无论是阿力还是阿布，均以经历多次“阿巴多”为殊荣。

“阿巴多”一般选择在人们悠闲的隆冬时节举行，人数可达一二十人，有的多达三十余人，妙龄男女配对就宴。一般而言，未婚男青年是宴会的主动发起者，他们商议选定一个年轻未婚姑娘众多的远方村寨作为邀请对象，然后成群男青年身着盛装，吹笛弹琴，趁节日（或集市）赶场人群拥挤之机，悄然站在作为邀请对象的姑娘群旁，“伙子头”首当其冲，幽默而风趣委婉地向姑娘吟唱出邀约的歌谣：

阿哩！远方美丽的白鹇鸟，
有幸降落在节日的芳草里。
我们是一伙盲眼的里骡子，
不知道宽阔的大路在哪里，
我们是一群没有饲料的小黄牛，
正寻找野火烧山后发出的嫩青草，
你那闪光美丽的白头巾哟，
就像春天里初开的山茶花，
弄得我们心神不宁眼发花。
……

姑娘们听到如此深情的歌声，往往是不好拒绝的，因为按照奕车人的社交风俗，拒绝就意味着失礼。而且村里有经验的婶娘早就告诉过她们，姑娘长到十五六岁青春妙龄时期，随时都有被男青年邀去“阿巴多”的可能，应该时时准备着，谁先被邀就是一种荣誉。于是，阿力的歌声唱罢，姑娘们一番羞羞答答的客套话之后，就会将自己的银手镯、阳伞、花手巾等交给“伙子头”作为应邀的信物，并约定阿力们接迎的地点。

得到姑娘许诺的小伙子们，立即回家筹集最好的食物，请村里的最佳烹调高手和数名屡经“阿巴多”的中年男子张罗。夜幕降临，一场盛大的欢宴即将启幕。山路上闪烁起点点火把，在一阵阵清脆、幽

远的“哟哟”约会呼唤声中，阿力们接阿布们回来了。在一间宽敞而灯烛通明的空屋里，长长地摆开数张体面的八仙桌，亮闪闪的桌面上，摆满了喷香扑鼻的大块肥肉、干巴、煎鱼、腌鸭蛋、香酥、油炸花生米、油煎大块豆腐、荷包蛋、清炖大雄鸡等美食。

哈尼族的家 （刘筱林摄）

宴会开始，一对对男女各自相约按顺序团团插花围坐在八仙桌四周，由阿力起头，举起酒杯，口唱委婉深情的敬酒歌，向阿布敬酒吟唱，希望阿布能够接过他手中的酒杯。但阿布怎会让阿力轻易得逞？如果遇到厉害的对手，阿力甚至需要为一小杯酒唱达一小时以上。不过，按规矩，阿布最终还是要把酒杯接过来一饮而尽。阿布喝过阿力的酒，就要向阿力回敬一杯，于是，又一场精彩的对歌开始了。这个阿力喝过后，紧接着向下一位阿布敬下去，又是相互对歌，如此轮流往返，当中如果有谁对不上，就会惹起桌外围观者的取笑，有失脸面。当一对男女相互对歌敬酒之际，其余各对男女相互敬菜。敬菜也要对歌，难分难解，但没有一个吃菜的，满桌美味佳肴仅仅是表示盛情而已。桌外围观者竭力喝彩助兴，逗趣作乐，整个“阿巴多”沉浸在委婉动人的酒与歌的醉人旋律中。一个晚上，倾诉爱情衷肠的歌声和欢笑声萦不绝耳，荡漾在山寨的夜空。

当东方天边泛起鱼肚白，酒意朦胧的阿布们脸儿绯红地准备回家。此时，阿力们急忙用芭蕉叶包扎各种食品，分别赠送给心仪的阿布在返途中享用，并商定好下一轮到阿布村寨归还“阿巴多”的日期。阿布们乘着朦胧的晨曦，踏着铺满晨雾的崎岖山路，带着无尽的甜蜜一步步返回家园。

阿布与阿力一次次的接触幽会，爱慕之情逐步加深，互赠首饰、毛巾、乐器等信物，然后各自转告父母。双方父母同意后，男方托媒人向女方求亲。哈尼人一般不看重结婚聘礼的分量，更重视男女之间的两情相悦，青年男女只要征得父母同意就可与自己心爱的人结婚。

除“阿巴多”外，不同地区、不同支系的哈尼族年轻人还有着多样的结识心上人、互诉爱意的方式。比如，澜沧一带，秋收后小伙子们就会去其他村寨“串姑娘”以寻找意中人，到选中的姑娘家去求亲。女方父母若同意这门婚事，便会用甜酒款待小伙，不同意则态度冷淡。得到同意的小伙子与姑娘私下商量好，待家人不注意时双双逃走，只要逃出“龙巴门”（寨门），他们的婚姻就得到正式的承认。红河及墨江、元江、新平等内地的哈尼族，青年男女自由恋爱成熟后，由男方请媒人说合，下聘迎亲，聘礼的多少并不重要，两情相悦就会得到双方父母的允诺和族人的祝福。

当然，自由相恋并不意味着滥交。哈尼村寨的未婚男女青年中，都会形成一定的组织，有领导男女青年社交活动的头目，头目一般由年龄稍大的未婚男女充任，负责训导、管理青年的社交活动，调解爱情纠纷，教育和处罚违反传统道德准则的成员，有些地方，求婚定情也需征得头目的同意和帮助。头目一旦结婚，便由他人自然递升。

第二节 “哭嫁”与“不落夫家”

按照人类婚姻形式的发展阶段，“哭嫁”最早出现于母系氏族后期的对偶婚阶段，是男子为取得婚姻支配权而对母系氏族权力的一种公然反叛，他们想方设法从女方家“抢婚”，实现在夫妻关系中对女方的强制占有。不难想象，在这个过程中，被“抢婚”的女子是如何的惊恐万状，痛哭流涕。因此，由恐惧而悲泣，是一种必然的心理过程，也是一种必要却无奈的抗争形式，面对男人的暴行，女人除了哭，似乎没有任何其他的选择。这或许就是女子“哭嫁”的最初动因。

随着父系氏族社会的确立，“抢婚”接亲的原始动机已经消退，但“抢婚”形式却流传了下来，变成一种“佯抢”的婚俗，“哭嫁”的内容也随之发生了改变，其中既包含对父母、亲族邻友、儿时伙伴以及故土家乡的留念不舍，也表达出对告别自由自在、天真烂漫的少女时代的惆怅与忧伤，这种风俗一直沿袭至今。

哈尼新娘在离开父母时都要边哭边唱《哭嫁歌》，有的地区更早，在出嫁前 3 天就要开始哭唱，哭唱得越伤心越表明对父母的感情深厚，往往同村众女友也会前来陪哭。新娘一边哭，一边还要在女伴的陪伴下以哭声和歌声向大房酒席上的亲族长者告别，一直哭到出娘家寨门为止。

一番惜别娘家的哭唱之后，哈尼新娘踏上了嫁入夫家的路途。绿春一带的姑娘出嫁，要由亲兄或堂兄、表弟背出村寨，由其弟妹亲朋组成送亲队伍，为新娘运送嫁妆和礼物。不论下雨天晴，新娘都要戴花篾帽或撑伞遮面。在前往夫家途中，新娘村寨的姑娘们躲在路边，用橄榄果袭击新郎和其他迎亲人，表示惩罚他们“抢”走了自己的姐妹。而红河一带的姑娘出嫁，由一名年龄相当、家中父母兄弟健在的女伴相随，在众女子簇拥下，伤心地哭唱着离开娘家。迎亲人会遭到女方家青少年的鞭打而不得还手。另一方的新郎领着一群少年和小孩在半路上迎候，新娘到来，立即点燃三把火，放置于山路的不同方位，同时也在山路边插上两根带叶的金竹，两根金竹之间扯上一股白线。新娘跨越火把，扯断白线，始为男家人。

哭哭啼啼嫁入夫家，新婚的女子从“阿布”变成了“克玛”（哈尼语意为“划分过来的人”）。但是，本应是浪漫甜蜜的新婚之夜，在哈尼人这儿却换了样子。克玛吃完新郎亲手喂入口中的夹下饭、许下永不背叛的诺言后，即与新郎分房而睡，第二天早上，克玛随同陪嫁女伴，携带着若干包糯米饭回娘家分送给村里各户血亲，只有当克玛返回夫家，夫妻真正的同居才正式开始。只是，克玛何时会返回夫家呢？

送亲　（肖琨伟摄）

“不落夫家”，是盛行于中国南方多个少数民族地区的一种传统婚俗，在哈尼族地区也流行已久。“不落夫家”婚俗意味着新婚的克玛回门后，快则当天下午就会回到夫家、与丈夫同房，或者在娘家与夫家间轮流居住，但要保证在娘家住的时间多于在夫家住的时间，否则，就会受到同村人的耻笑。但是，更多的克玛不会立即返回夫家，而是又在娘家待上一年半载或者七八年，甚至有的长达十余年之后，才会返回夫家居住。

返回娘家居住的哈尼族克玛，只是每逢农忙、节日或夫家办婚丧等事时，由夫家派人带礼物接到夫家居住数日或半月，再由夫家送回

娶亲仪式 （肖琨伟摄）

娘家。克玛留住夫家时，夫家以客人相待，只参加一般劳动或象征性劳动，而且不得在丈夫同宗长辈男性面前谈笑，不得坐凳子和烤火，更不得跟丈夫同宗男性长辈同桌吃饭。与在夫家里的拘谨不同，克玛住在娘家期间，似乎又恢复了姑娘的身份，夫妻双方都可以继续参加男女的社交活动，自由与异性交往甚至发生性关系。

由于哈尼族聚居区域分散，而且支系较多，各个地区都有不一样的回夫家定居时间点和由头——有的以女子是否怀孕为标志；有的是因为女子婚后多年不孕，但年龄已大不能不到夫家居住；还有的是因为早婚，女子移居夫家的时间就以是否达到当地规定的同居年龄为准。“不落夫家”这一习俗在20世纪70年代仍然存在于少部分哈尼族支系的生活中。

克玛一旦生育，则将姑娘时代头上缠的一条青布条衬垫的大独辫迅速解除，额顶处安上一支用青布制作的奇妙独角，称作“俄莫”，其安角礼俗则称为“俄莫莫”。“俄莫莫”仪式标志着哈尼女子“不落夫家”的生活正式结束。

总体上来看，一夫一妻制是哈尼族的基本婚姻制度，西双版纳地区最为严格，认为多妻不符合哈尼族的礼教，弃妻再娶要受到舆论的谴责、被头人罚款。但也有生活在红河、墨江、元江等地区的哈尼族社会允许一夫多妻的存在，尤其是土司和地富阶层中更为普遍。在红河及内地的其他地区，也曾经盛行包办买卖婚姻，墨江等地还存在姑舅表优先婚配的习俗，而且成婚年龄一般较小，男子十二三岁，女子十五六岁，女多比男大。成婚以后，男子在社会默许下还可以继续去“串姑娘”，但女子婚后则受到严格的限制。

崇尚自由恋爱的哈尼族也允许离婚，只要夫妻不和，就可以提出离婚，在西双版纳一带，只需提出离婚的一方给头人三元半开（20世纪中叶以前在云南地区流通的一种货币），就算办理了离婚手续；在有些地区，男子可以任意离弃妻子，妇女则需赔还聘金才能得到自由。

第三节　以鱼为尊

在混沌中，浓淡不一的雾气不停地翻腾着，宛如一片望不到头的大海。突然，海水中跃出一条巨大的鱼，大鱼将右鳍往上一甩，变成了天；将左鳍向下一甩，变成了地。这是在哈尼族中广泛流传的《天、地、人类起源传说》中的鱼创世说；与之类似，哈尼族的史诗《烟木霍木》中亦唱道：“世界之初，由大雾形成了大海。海中出现了一条巨大的鱼（金鱼娘），它扇动鱼鳍，扇出了天神、地神、日神、月神、人神和海神。”

鱼创世说并不是哈尼族唯一的创世神话，其他的创世神话，如雾气化生说、卵生说、神创说等，在很多西南少数民族中均有流传。雾气化生说与傣、布依、彝、纳西等民族神话颇为相似；神创说与卵生说在苗、彝、纳西等一些民族的神话中也可看到，唯独鱼创世说在西南少数民族神话中较为少见。

天地出现，接下来是人类诞生。人类是如何出现的？在哈尼族神话中也有多种解释，而且都与天地创始相对应。鱼创世说生发出的鱼生人说认为，大鱼在造天地之后，身子再一摆，从脊背里送出来了7

对神和1对人种。这对人种又生了21个娃娃，其中老大是虎，老二是鹰，老三是龙，剩下9对是人。与鱼创世说一样，鱼生人说在西南少数民族神话中也属哈尼族所独有。

鱼辟天地、“生”出人类，这一创世神话在哈尼族聚居的西南少数民族中可谓独树一帜，但放眼中国其他地区甚至海外，视鱼为创世神的民族却比比皆是。比如，我国东北的满族就有由三条大鱼驮着大地的神话；汉朝文献古籍《山海经》中也有鱼神话的记载，丰富驳杂。而在国外，鱼亦常出现在各民族的神话及民间信仰中，比如，太平洋群岛土著鱼部族的人相信自己来自鱼；非洲黄金海岸查马市的青花鱼族也传说其祖先与青花鱼人结婚而生此族。此外，在环太平洋、非洲及美洲很多原始民族中，鱼都被视为神圣的图腾形象，成了部落力量的象征。圣鱼的传说还出现在叙利亚及伊朗神话、印度洪水神话和日本神话中。

鱼多子繁殖的事实，使其在这些神话和古老民族中都扮演着繁殖的图腾角色。我国著名学者闻一多最早对鱼这一文化符号进行科学探讨，他写于1945年5月25日的论文《说鱼》，根据《诗经》、《周易》、《九歌》等古文献及当时流传于我国南方地区的民俗资料，指出我国从上古起就以鱼象征女性及配偶。在闻一多看来，鱼作为繁殖力最强的一种生物，使鱼与中国古代先民的生殖崇拜、种族繁衍等思想直接相关。

哈尼族神话中鱼这一文化符号，尤其是“鱼生人”的神话传说都表明，在哈尼族的文化中，鱼同样也是性与生殖力的象征。至今，鱼的形象仍存留于哈民族的众多民俗之中，尤其体现在哈尼女子的服饰上。红河县乐育乡尼美村哈尼族女子出嫁时，头上戴的鸡冠帽上就有众多用金属打制的鱼作吉祥的象征物。未婚女子用的挎包上的吉祥物，也有众多的用金属打制的鱼。根据当地老人所说，这是成熟、美丽的女子的象征，暗示着生育、多子、吉祥。这与哈尼族创世神话中鱼的象征意义完全吻合。

哈尼族创世神话中鱼的神迹及功能，除了创生天地和人类外，也是人类生存所需各种谷物的来源。哈尼人传说，人类诞生之后，天地突发洪水，吞噬万物，洪水后，人在大鱼肚内发现五谷，从此开始人类及大地上其他生命真正的繁衍不息。天地初始、人类出现、谷种起源，浩劫之后再生，这一从无到有、从死复生的过程，体现的是哈尼人对子孙绵延不绝、生命永生不灭的向往，而这一切，从现实层面来说，都取决于生殖能力。

哈尼人对鱼的崇拜也有其历史和经济生存的原因。一方面，哈尼族是一个古老迁徙的民族，其族源与氐羌系原始族群有着密切的亲缘关系，其先民的活动范围包括现今我国西北、西南等广大地区。而作为氐羌族群起源最集中代表的仰韶文化中就有大量的彩陶鱼纹，我国著名美学家李泽厚在《美的历程》中即认为，仰韶彩陶屡见的多种鱼纹和含鱼人面，其巫术礼仪含义就在于对氏族子孙“瓜瓞绵绵，长久不绝”的祝福，简而言之，这些从仰韶文化贯通至哈尼人日常生活中出现的鱼的文化符号都是生殖崇拜的象征物。另一方面，以万丈梯田闻名的哈尼族又是一个山地稻作民族，在其生产活动中与水的关系极为密切，很多哈尼族地区都有水稻田里养鱼的传统。鱼儿在水田间不仅有自然的生活领域，而且它们在水中的搅动又起到天然“翻土机”的作用。同时，鱼儿也把水稻里的虫子作为自己的食物，使农民减少对农药和化肥的使用，当稻米成熟时，收获的还有肥硕的鱼儿。

可以说，从天地混沌的蒙昧时代走到今天，鱼儿与哈尼人的共生共息，表达的是对生命敬畏和繁衍生息永无止境的追求。

第四节 “幼子继承”的父系宗族传承链条

在任何社会形态中，家庭都是男女婚配、生育子女的基本单位，也是社会结构的细胞。一个家庭为何组建、怎样组建、以何种结构的家庭为最理想的家庭模式、以何种联结维系家庭的聚合延续、家庭成员之间的权利和义务关系等，都是我们认识一个民族生存状态和繁衍模式的基本参照。

哈尼族世代所居之地，岭峻天雄，山川险阻，四塞之区，难于沟通。这样的地理环境以及自古从事梯田稻作的经济活动形式，决定性地规约着哈尼族传统家庭的组合模式。很显然，在这样的自然环境中，一个独立于家庭及村寨的人是很难生存下去的，以家庭或家族为基本单位方能进行垦殖梯田等活动，为自身的生存获取足够的生活资料；亦只有家族成员凝聚一体，个体成员才能有效承受社会与自然的双重压力。因此，具有同根血统的几代成员同堂而居，成为哈尼族传统家庭的基本组合方式。

另外，哈尼族的宗教信仰主要是对自然力和祖先神灵的崇拜，在他们看来，祖先沿袭下来的传统生活方式是最合理的生活方式。因此，这种古时因为应对自然威力而形成的大家族组成方式被保存了下来。虽然哈尼族传统家庭的人口数量各不相等，但家庭人口的辈分结构大体一致，三代、四代甚至五代同堂的家庭结构是哈尼人认可的最理想的家庭模式。这样的传统大家庭，作为集生产、生活、抚育、赡养、教育、保护等功能于一体的社会组织，既有着千古延续的内在纽带，也需要充分发挥其各部分的功能，因此，年长男性，无论个人先天的禀赋如何，都被认为是祖宗意志在大家庭中的化身，始终处于大家庭的核心地位，使哈尼族成为典型的父权制家庭。

“民家男女事长，下气柔声”（清康熙《元江府志》），“待上接下皆有礼”（清道光《元江州志》），以及对亡故的长者“祭用牛，贫则用猪，不记生而记死，每逢忌日设牲祭之于家”（清雍正《景东府志》）……这些历代哈尼族聚居区地方志中的记载，既是“以古为尊、以祖为是”的价值观念的外化礼仪，又是强化长者在大家庭核心地位的文化机制[①]。父权制的个体家庭是哈尼族社会的基本单位，家庭中以长者为尊，父亲和长兄在家庭中拥有最高的权力，负责安排全家的生产活动，管理经济收支。生产工具如锄头、犁、耙、镰等均由父亲和长兄准备。家务由母亲和长媳负责。未分家的人家，众媳妇轮流做饭，第一个起床者便是做饭人，相继起床的媳妇则分别担任背水、舂米等劳动。西双版纳及红河南岸部分地区留存着哈尼族远古时代的家庭组织——“谷”，“谷”有自己的家庭长，有共同的墓地和少量公有地。

“子大分田、树长衍枝”。随着家庭人口的增加，大家庭的结构发展膨胀达到一定规模，就必然会分化和重组。从大家庭分化出的家庭，一般都在原先大家庭住宅的四周建房起屋，重新组建发展成新的大家庭。以此循环往复，一个家庭历经多代后就会发展形成庞大的家族或宗族，其成员以同根血缘祖先为共织的纽带，聚居一地形成村寨。这也是当今我们看到很多哈尼族村寨往往由一个或几个家族的成员聚居而成的原因所在。

大家庭中的男子一旦结婚并生了孩子之后，一般都要与父母分家，独立生活。父母把田地、房产、耕畜、家具、农具等平均分给独立生活的儿子，幼子留在身边继承和献祭本家族祖宗的大房子，因为哈尼人的家庭观念认为幼子的血缘最可靠，而且幼子尚需父母继续教养、辅导。

特别需要注意的是，哈尼族大家庭的分化组合不是在父母与儿子

---

① 白宇．忙叶哈尼青年生育观和家庭意识的嬗变//红河哈尼族彝族自治州民族研究所编．哈尼族研究文集．云南大学出版社，1991：170.

之间进行，而是始终在诸兄弟间进行，无论弟兄间如何分化，父母始终与儿子共居，而分化出去的弟兄对父母也一直有赡养的责任和义务，每年要给大房上交一定的谷米等实物，以尽赡养父母的义务，如果是独生子则严禁与父母分立门户。因为诸弟兄彼此推诿，或独生子抛弃父母离家独居，造成双亲无依孤苦，就会被视为非常态，当事人会受到哈尼社会舆论的严厉谴责，甚至遭到村寨的严厉制裁。

哈尼族“一村一（家）族”的结构方式，是以父系血缘纽带联结成的群体和血缘家族集团，在哈尼语中称之为“启波然”，意即同祖的后代或一棵树发出的分枝。各个“启波然”由于所处的自然环境和社会生产力不同而盛衰不一。衰弱者仅数十户，独居一村，繁盛者可达数千户，分数村居住。无论何种类型，都有专属自己的以下标志：祭献本家族（村寨）神灵的丛林；“苦扎扎”节祭献天神的磨秋桩；震慑危害本家族禽兽的兽神及威力的丛林；标志本家族与野鬼分界线的丛林；本家族人饮用的泉水井；本家族特需的一对古朴的铓鼓。每个“启波然”内部有若干旨在增强内聚力的礼俗、规约，诸如各户成员间相互保护、援助的义务以及婚丧礼仪祭祀活动中的共食制度等。

由于哈尼族多以亲情结寨，长期养成了尊老爱幼、扶弱济贫、互助互帮的道德风尚，至今民间还流行着“敬老节”、“祭母节”等民族节日，著名的“长街宴”更是通过那绵延一个村子的长长宴席，让当地人和很多慕名而来的人感受到了浓浓的人情味。

第五节 父子连名的氏族纽带

“坐列—列玛—玛墨—墨开—开若……”① 看到这样的词语接龙，你会认为这是什么？接龙游戏？绕口令？还是某种神秘的密码？其实，

① 王尔松．哈尼族文化研究．中央民族大学出版社，1994：129.

这是哈尼族人自古以来就实行的父子连名制。所谓父子连名制，简单点说，就是父亲名字的末一字或末两字常为儿子名字的前一个或前两个字。这种“承前启后”的连名方式，最终形成了一个家族的族谱，它以氏族社会的血缘为基础，经过连名的方式世代相连。家族中的男子往往可以把数十代祖先的名字滔滔不绝地背诵下来，甚至可以很方便地追溯自己家族的先人，并推断出宗族分支之间的亲属关系。在这种亲属关系中，哈尼男子会非常明确地找到自己在整个家族中所处的地位以及应该承担的职责，并与其他家族成员建立起相应的关系和网络。

有资料显示，各个地方的哈尼族父子连名系谱自传代数不尽一致，有快有慢，快的传至六七十代，甚至有超过 90 代的。普遍认为，各地哈尼族家庭父子连名系谱发展到 70 代左右，如果每代以 25 年计，共计 1750 年，倒推回去为 200～240 年，也就是说，在我国历史的汉晋之际，哈尼人开始使用这种父子连名的系谱方式，而这个时候，正是哈尼族母系氏族社会结束、正式跨入父权制时代的开始[①]。

这种父子连名的方式，不仅仅在哈尼族人的家族生活中扮演着重要的角色，而且，它所蕴含的社会历史和思想文化内容也会有助于后人去发现和追溯历史上存在过的制度和文化现象，它就像是语言中的“活化石”一般，将哈尼人的历史串联了起来。学者王尔松在他的研究中发现[②]，哈尼族人的名字包含着哈尼人对于创世神话、世代变迁以及其生存环境的多种认识。

名字与天地同生。一个家族谱系的第一二代常常会用到“哅”、“奥”、“翁”、“咪”、“滇”等字眼，其中，“哅”、“奥”、“翁”均义天，“咪”义地，这反映了古代哈尼先民先有天地、后生万物、人与自然统一的朴素观念。

---

① 毛佑全著．哈尼族文化初探．云南民族出版社，1991：123.

② 王尔松著．哈尼族文化研究．中央民族大学出版社，1994：130～141.

家族谱系人鬼共享。再往后，名字中出现了“素”、“尼”等字，“素”字义人，“尼”字义鬼，联系哈尼人的居住环境是人鬼同居以及人鬼通婚。还有木耶吉与吉塔婆兄妹在人鬼不分的洪荒年代结成夫妻、繁衍人类的传说，从名字上也可以看出，远古时代的哈尼先民曾经历过兄弟姐妹互为夫妻的古昔。

名字再变迁，围绕“苏米乌”（“苏米”义别人的地方，“乌”义活跃、产生，反映不同氏族男女之间的婚姻关系）的出现，同胞兄弟姐妹之间的婚姻被禁止，以血缘为纽带的群婚家庭模式开始建立，不同氏族之间的兄弟姐妹互为夫妻，新生的孩子由大家庭共同抚养，哈尼族进入母系氏族部落社会。

在母系氏族社会，妇女是酋长，又是巫师，到了父系氏族社会，酋长和巫师开始由男子担任，特别是进入20世纪三四十年代后，已经很少有女巫师。这一特征在哈尼族人的名字中也有显现。

哈尼族父子连名谱系从文学艺术的角度来看，两个字一句的声调高低搭配，扬抑谐和，读起来节奏明快，富于韵味，易于记忆、背诵和流传。父子连名谱以美好的艺术形式与丰富的内容统一和谐，使谱系具有突出的哈尼族历史文化特点。有些名字也很好地呈现了哈尼族历史文化发展的真实情况。比如，墨江王仁普系源自水癸寨“墨开”王系，家谱显示，从第四代“墨开”起，王仁普家开始使用汉姓“王”，时间倒流，彼时约在元末明初，史料记载，当时有大量移民进入云南，实行军民屯田的人数达三四十万。大批内地汉人来到云南边疆，在带来生产技术和生产资料的同时，也将汉文化引入云南，水癸寨地理交通便利，方便吸收汉文化、使用汉族姓氏也是合情合理[①]。而很多研究也表明，正是明代开始，哈尼族人开始使用汉姓。

---

① 王尔松著．哈尼族文化研究．中央民族大学出版社，1994：144.

在当代，除了受汉族文化影响很深的部分哈尼族地区以外，大多数哈尼人依然沿袭父子连名的传统命名方式。每一个哈尼人都隶属于一本延绵沿传的父子连名族谱，所有的哈尼人在父子连名谱系中，通过其父亲、祖父、曾祖父等历代祖先的名字不断上溯，最终可与万物的始祖人物天母姆玛连接起来。

当然，除了传统的父子连名谱之外，也存在不连名的情况。有学者考察发现，除断子、父或子非正常死亡、残疾、双胞胎等情况外，很有可能是在清朝年间，墨江等县实行改土归流，社会家庭发生剧烈变革，兄弟分衍，迁徙异地[①]，慢慢地，父子连名制就在这些地区逐渐消失了。

第六节　死亡不是结束而是永生

在哈尼族的人生礼仪中，死者葬礼被赋予了更丰富的蕴含。哈尼族认为："人生在世一辈子，死在阴间得永生。"因此，死仅仅是跨向另一世界的门槛，人的灵魂永不灭，因而要举行盛大的葬礼。

一般而言，当有老人过世，其家人即会向四邻村寨发布信息，邀全村男女老少参与葬礼，一起哀悼、聚餐，甚至根据当地习俗欢歌起舞，送别老人。西双版纳地区的哈尼族村寨里如果有人去世，全寨都要停止生产到丧家帮忙。墓地多在寨旁的龙树林里，由"贝玛"以滚鸡蛋的方式确定具体下葬之地，在蛋破处挖穴下葬，挖穴埋入后即填平，不看风水，不建坟堆。红河地区人死后要向亲朋好友报丧，亲友携带猪、鸡、米、酒前来祭奠，女婿须用牛来祭，显得颇为隆重。出殡前至亲好友留丧家陪住，晚上村中青年聚集在死者屋前跳舞。墨江哈尼族支系——碧约人的葬俗最别具一格：家中老年亡故者办丧礼，

---

① 王尔松著．哈尼族文化研究．中央民族大学出版社，1994：145.

必须宰牛，开吊时服丧男女要围跪在牛前痛哭，直至牛粪出来为止。如果牛粪不出，就哭着用手去揉按牛肚子，直至把牛粪挤出来。然后将牛粪装进叫“岩皮簸乖来”的竹篾盘内并加以保存。

哈尼族的丧葬形式包括火葬、土葬、树葬、水葬等，其中，火葬是哈尼族古代最普遍的丧葬形式，相关的文献记载在明清时代颇为多见，只是流传至今，古时完整的一套火葬礼仪已经逐渐简化，甚至在部分哈尼族地区，火葬有所减少，只有那些非正常死亡的人才会采取火葬的方式。在这里，哈尼族对火、对光的敬畏再次得到展现，在他们看来，只有火可以将那些“不干净”的东西摧毁，将有可能带给生者的不吉利赶走，因此，在有些地方，即使是死者已经实行了土葬，但如果村寨里接连出现许多异常现象，村里的人就会把死者的棺木挖出来，重新进行火葬；再如有人在不吉利时死亡，同村的人往往会把尸体及棺木放在露天下很长时间等待尸体腐烂，如果尸体一直不腐烂，就会进行火葬。

哈尼族葬礼　（杨红文摄）

土葬是现代哈尼族普遍实行的丧葬形式。很多学者认为，土葬大约是在清朝中叶以后逐渐取代了火葬。土葬这种丧葬形式刚刚出现时，仅以土石垒坟作为标志，没有墓碑，墓碑是到了清朝中晚期才出现，并相继有了火土合葬、无棺土葬、竹棺土葬、木棺土葬等类型。

树葬和水葬多是哈尼族处置非正常死亡的婴儿会采取的特殊的丧葬形式。一般用布或草席将死去的婴儿包裹，或放在人迹罕至的树杈上任其风干腐化，或投入水流湍急的旋涡任河水将其冲走，两种方式的目的都是为了阻断夭折婴儿转世投胎之路，保佑以后出生的婴儿平安。

哈尼族葬礼 （邓启耀摄）

总体上来看，哈尼族的葬礼随死者的性别和年龄的不同而有所差异。小孩、未婚未育的中青年男女、无子女的老人以及非正常死亡的人，葬礼都很简单，而儿孙满堂的老人去世，葬礼就会特别隆重，而对于哈尼族来说，最高等级的葬礼当数“莫搓搓”。

“莫搓搓”（哈尼语意为“为死去的老人跳舞送葬”）是哈尼人流传

下来的最高级别的丧葬礼仪，只为正常死亡的高龄男女举行，不为无儿无女或非正常死亡的人举行，而且整个葬礼需要宰杀三头以上的牛，有的甚至多达十几二十头，足可见其等级之高。与父母一同生活的幼子，自然将担当起照顾父母、直至送他们走完人生最后一段路途的责任，因此，整个“莫搓搓”仪式由死者的幼子主持，负责指挥家人料理后事。其中，所有最重要的仪式均由幼子来完成，这些仪式包括抱死者入棺木、征求村寨中最有权势的老人为葬礼拿主意、邀请“摩批”主持死者的祭祀活动等。

举行“莫搓搓”的人家，在老人尚未咽气前就要准备好所有费用，一旦老人离世，全家人即号啕大哭，直至为死者沐浴更衣时停止。举行“莫搓搓”的人家要将灵柩留置在家中很长时间，少则一个月，多则三五个月，这一期间，凡是所有能抓到的，天上有的、地上跑的大小野物，都要拿一只来放在灵柩前祭献，表示所有生灵都向死者致哀。同时房前屋后要装饰上日、月、蝉、鹰等形状的木片，象征死者与日月同辉。丧礼期间，每天早饭晚饭前要放三响土炮，每12天要举行一次隆重的守灵仪式，称为“莫仿”，这一日，丧家男女老幼一律不着鞋帽，不整衣着，不梳头，表示对死者的沉痛哀悼；当天中午，杀鸡宰羊，宴请村中长辈和外村探亲，边吃边唱守灵挽歌；夜幕降临后，还将燃起篝火，邀集村中男女青年到死者家吹拉弹唱，为死者跳“莫搓搓”舞。

“莫搓搓”最主要的部分——出殡极为隆重，一般历时2～3天，包括三个主要步骤：送鬼魂上路、为鬼魂洗刷生前的错误和罪孽以及给鬼魂安排一个快乐的阴间生活环境。整个过程都由“摩批”主持，并在其带头跳起“莫搓搓”舞时达到高潮，此时，参加葬礼的众人成双成对，一边舞蹈，一边绕行死者的住宅，歌声乐声冲破夜幕，将离世的人送回祖先的怀抱。

实际上，随着时间推移，“莫搓搓”仪式本身对死者的哀悼似乎逐渐淡去，而对生者的祈福蕴含则愈加彰显，甚至演变成哈尼族青年男女纵情欢歌、谈情说爱的一种场景，也充分反映了哈尼族对“一人死、众人生”的希冀。

第六章

与时俱进的哈尼社会

第一节 生育模式从“早密多”向“晚稀少”转变

1982 年，哈尼族妇女生育率为 156.26‰，比全国同期值（82.40‰）高出近一倍。到 2010 年，哈尼族妇女生育率下降为 53.01‰，同期全国平均值为 36.30‰，两者之间的差距趋于缩小。可见在过去 30 年的时间里，哈尼族妇女生育率呈快速下降趋势，这对于一个社会经济发展水平还较为滞后的少数民族来讲，已经是非常难能可贵了。在生育率下降的变化态势背后，实际上反映着生育模式从传统向现代的转变过程。

众所周知，传统生育模式表现为生育的年龄早、生育的间隔密、生育的孩子多，即可归结为“早密多”；与此相反，即可称之为“晚稀少”的现代生育模式。这两种截然不同的生育模式分别存在于传统和现代两种社会场景中，受两种生育观念的支配。

整体上评价，哈尼族社会仍然带有传统农耕社会的诸多特征。鉴于低效的劳动生产率限制，农户往往都寄希望于通过人口的增殖来摆脱贫困，结果往往落入“越穷越生，越生越穷”的恶性循环中。“多子”生育诉求在哈尼族地区甚至一直持续到20世纪80年代末期至90年代初期，由此形成哈尼族妇女生育年龄轻、生育强度大、生育周期长和多胎生育现象突出的现实。但这种状况在世纪交替之际发生了明显变化。

据人口普查结果显示，早生现象在哈尼民族中仍然较突出，15～19岁哈尼族妇女生育率在实行计划生育政策初期的1982年时为31‰，到2000年“五普”时不但没有下降，反而上升到近39‰，表明早育现象在哈尼族妇女中仍然一定程度地存在。但多生现象已经明显减少。在1982年“三普”时，哈尼族平均每个妇女生育的子女数接近6个（TFR＝5.59），到1990年“四普”时仍然接近4个（TFR＝3.91），到2000年“五普”时，哈尼族平均每个妇女生育的子女数已经下降到了两个（TFR＝2.16），在2010年“六普”时更进一步下降到2.1的生育更替水平以下。表明哈尼族妇女生育子女数已经明显减少。

同时值得关注的是，哈尼族妇女的生育间隔明显拉长，多孩生育也随之发生了明显改变，生育三孩及以上的家庭逐年减少，三孩生育比例从1982年“三普”时的60％下降到2010年“六普”时的16％。可以说，哈尼族妇女长期遵从的“早密多”生育模式正在向“晚稀少”的生育模式转变。对哈尼社会来讲，这种生育模式的转变无疑是一次划时代的深刻变革。

历史形成的生存选择使哈尼族文化带有浓郁的“山居农耕”的文化色彩，这不仅强烈地影响着哈尼族的婚丧嫁娶，而且也影响着哈尼族的生育状况。哈尼文化崇拜和尊重自然，信奉“万物有灵”，视生命为天神阿波摩咪的赐予，是自然的行为，不应拒绝。这种原始自然观造成哈尼族家庭长期尊崇多生多育的习惯。

但伴随医疗条件和生活水平的不断改善，多子生育行为必然导致

哈尼人口的持续高增长，这与民族后进地区的经济发展形成尖锐的矛盾。作为少数民族主要聚集地的云南针对各地实际，在20世纪80年代提出了“一二三”的民族计划生育政策，即“少数民族也要实行计划生育，内地少数民族可以生育二胎；高寒山区和边疆民族地区可以生育三胎；对边境沿线的民族乡村只进行正面教育，不下达生育计划”①。

如此宽松的计划生育政策符合当时当地的实际情况，因而得到了广大哈尼族群众的积极响应与合作。尤其是把生育与生殖健康服务紧密结合起来，向广大育龄妇女提供妇幼保健的医学知识和母婴健康服务，进而“少生优生”逐渐成为哈尼族青年一代追求的生育观。

第二节　妇女地位随现代教育普及而提高

“重男轻女”的观念导致妇女地位低下，这是传统中国的一个社会特征，哈尼族也不例外。在日常生活中一直担当生育繁殖、操持家务等角色的哈尼妇女，长期处于弱势地位，包括教育在内的很多权利都被剥夺。从人类社会文明发展的历程来看，一个民族、一个社会的文明与进步程度，往往在这个民族和这个社会的教育水平和教育覆盖面上最能得到体现，而其中女性的受教育状况对于社会的文明与进步又起到举足轻重的作用。

在相当长的发展过程中，哈尼族社会几乎没有现代意义上的“学校”的存在，村寨中“贝玛”在各种祭祀活动中的诵唱，即在间接地进行着知识的普及和传承。这种情况直至明朝时期哈尼族聚居地区出现“府学”之后才有所改观，到明清时期，私塾也开始在这块土地上出现。进入民国后，私塾有了较大的发展，从红河州府到各县、甚至

① 王光明著．云南少数民族生育政策的制定与实施．中国少数民族人口（季刊），1995（1）．

村落，均办起了大量的私塾。但尽管如此，旧社会哈尼族地区的教育，无论是从学校的数量、规模，还是从学生的人数、入学的比例来看，都非常之低，而且女孩受教育很受歧视，哈尼族传统观念甚至误传"女孩进学堂读书就不会生小孩"。[①] 因此历史上，哈尼族妇女不能像男子那样接受学校教育，只能在日常生活中通过潜移默化的家庭教育、民歌、歌谣、谚语、民间故事、宗教和社会舆论等被动地接受民间教育，并在这样的学习过程中学会生活的常识，掌握生产的知识和技能，继承本民族的传统思想和伦理道德。

哈尼族民间教育的方式很多。虽然父子连名制不把女孩列入其中，但是，一般家庭都会要求女孩背诵母亲、祖母、曾祖母的三系家谱，从而深记和认清母系家族的成员关系。通过家谱教育，哈尼族杜绝七代以内血亲成员结婚，有效地避免了民族人口质量的退化。前面我们说到的哈尼族"哭嫁"习俗，其实也是哈尼族进行传统教育的场所。新娘的痛哭往往也会引发母亲的流泪。母亲一边哭，一边在嘴里吟诵着传统的歌谣，告诫女儿：做了人家的儿媳，要多看多听，做好各种事情，孝敬公婆；嘴要甜、手要勤，做个明白人。此外，穿衣待客、饮食起居、行走礼仪等方面的教育，做饭、舂米、纺线、织布、缝纫等哈尼女孩必须会的技能，识别自然现象、区分物种等生存所需的知识，都是通过各种口传文学以及长辈的言传身教传授给了哈尼女孩，这些知识也的确让她们受用终身，并在以后继续传授给她们的后代。

对于一些哈尼少女来说，学校教育只不过宛如昙花一现，因为她们在学校的时光常常只有三四年。家庭的窘迫，家务的繁重，甚至出嫁的需求，都有可能随时导致她们的学校教育中途夭折；而回家后，生活在封闭的社区，短暂习得的知识很难有用到的时候，慢慢地，也就全部"还给"了老师。因此，相比之下，掌握本民族的传统文化能

① 罗淳．哈尼族的教育发展现状及对策．云南教育，1991（11）．

更好地在传统社区生存，所以民间教育至今仍然存在，也还有存在下去的必要。

具有现代意义的学校教育真正进入哈尼山乡还是在新中国成立以后，国家将民族地区的教育纳入扶持民族地区发展的政策框架统筹考虑，扶持少数民族地区发展正规学校教育，中小学教育开始深入哈尼族聚居山乡，由此开启了现代教育深入哈尼山乡的新时代。哈尼族人口文盲率持续下降，在1964年“二普”时还高达78%，到2000年“五普”时已经下降到33%，下降了一倍多，同时哈尼族人口中每万人拥有的各类受教育人口呈现不断提高之势，1964年“二普”时，每万人拥有大学、高中、初中和小学的人口数分别为2人、9人、31人和1201人；到1990年“四普”时，分别上升到16人、159人、695人和2804人。受教育人口的增加对哈尼族人口整体素质的提高、促进当地社会经济和科学文化的发展发挥着积极的推动作用。但这一时期哈尼族人口受教育的性别差异依然明显。

改革开放以来，由于政府采取了一系列措施促进哈尼族女童的受教育权利，由此使哈尼族女童的受教育水平得以不断提高。1982年“三普”时，哈尼族男性人口文盲率为56.1%，女性文盲率高达84.4%，女性比男性高出近30个百分点，表明哈尼族女性受教育程度明显低于男性。1990年“四普”数据显示，哈尼族男性人口文盲率下降到45.6%，而女性人口文盲率仍然高达76.4%，两者之间的差距仍然显著。① 2000年“五普”时，男性人口文盲率进一步下降到21.74%，女性人口文盲率也下降到45.82%。尽管男女两性人口的文盲率差距依然明显，但已经处在缩小进程中。这表明，越来越多的哈尼族女孩获得了与男孩一样的受教育的机会和权利。

哈尼族所有接受过学校教育的男女少年都会得到一个汉族的名字，

---

① 罗淳．哈尼族人口素质与生活质量研究．中国少数民族人口．1996（2）．

做作业的哈尼族小学生 （张国声摄）

而这个名字，对于哈尼女孩来说，意义犹重。因为在长期的哈尼社会发展过程中，她们都是被忽视、被压迫的部分，甚至都不能进入连名的宗族传承，而带着一个仅只属于自己的名字，接受与男子一般的教育，让哈尼妇女知道，自己也可以有更高的社会地位，也可以为他人所尊重。

于是，慢慢地，曾经只属于妇女承担的很多劳务开始转变为男女双方共同承担了，比如，砍柴、挑水；曾经只有“勤快”这一条的择偶标准开始变得多元，男方的能力、人品，甚至外表、家庭经济条件等方面都被哈尼妇女纳入考虑范围；曾经十五六岁就嫁为人妇、20岁就拖拉着一堆孩子的少女在减少，20岁以后，甚至25岁以后结婚的姑娘越来越多，离婚、分家产也不再是男方独霸的权利。

传统社会的统治权威正在随着现代化的演进而逐渐消散，虽然在一些哈尼村寨中，还保留着“昂师”、“摩批”，在一些重大的节庆、祭

祀日子，他们还是哈尼族当仁不让的精神领袖，数千年来，他们招魂唤灵的过程中，从来没有妇女的位置。但是，在全球化大潮迅猛来袭的态势下，传统宗教习俗的坚守挡不住现代政治理念和制度的冲击，由传统向现代社会过渡的今天，曾经被民族宗教权威所排斥的哈尼族妇女开始拥有越来越多且广泛的政治权利，她们可以参加村寨各种会议，进行投票选举，尤其是自改革开放以来，哈尼族村寨的村委会中普遍活跃着哈尼族妇女干部的身影。

第三节　从无到有再从有到“无”的哈尼文字

虽然古老的史诗还在传唱，哈尼文化的传承者“匹”还在民间活跃，但是，至今完整地保留着自己的语言、服饰及风俗习惯的哈尼族，却一直没有属于自己的文字，仅凭木刻结绳实现日常记事，靠一代代的口传心记传承民族的文化。

民间有传说，哈尼族本来有哈尼文，写在牛皮之上，迁徙时牛皮被浸泡变软，饥不择食之人，将牛皮烤来充饥。哈尼文随之被吃下肚。传说不知真假，但足可见哈尼族曾经生活的艰辛与窘迫。

哈尼族没有本民族文字的历史在20世纪50年代末期发生了改变。新中国成立不久，中央政府为帮助哈尼族解决文字问题、全面提高哈尼族社会发育程度，组织了由哈尼族干部参加的哈尼语文工作队，开始进行哈尼语调查研究。经过几年的努力，最终制定了以哈雅方言的哈尼次方言为基础方言、以绿春县大寨哈尼语语音为标准音的拉丁字母形式的哈尼文字。

哈尼文字的出现，让哈尼族群众感受到了国家对他们的关怀，心中充满了深深的政治荣誉感和民族自豪感。他们热忱欢迎这种属于自己的文字，并先后掀起了多次哈尼文字学习的高潮，哈尼文字进入到学校课堂也成为当地政府扫除文盲的有利工具。哈尼文字在一定范围得到推广，在一部分哈尼族群众生产生活中得到有效运用，甚至由此带来了哈尼族社会一些的新面貌。比如，有不识字的妇女在学习了哈尼文字后，学医问药，配制药剂，彻底改变在传统哈尼村寨中地位低下的状况。

由国家制定发布的哈尼文字也使一批哈尼族文化经典得到保护和出版，曾经口耳相传的史诗、民歌，如著名的迁徙史诗《哈尼阿培聪坡坡》、丧葬祭词《斯批黑遮》等重要古籍被印在了纸上，得到了更好的保存。

当文化有了外在的承载工具，更多的新兴创造也即由之而生。用哈尼文写作的哈尼族作家开始涌现，他们从深厚的哈尼族传统文化中汲取营养，用哈尼文创作出了一批文学作品。新兴的传媒工具也没有忽视哈尼文字的诞生，1983 年 7 月，红河人民广播电台哈尼语播音开播，并不断拓展着电波覆盖的范围，甚至辐射到周边一些国家的哈尼族地区。此外，云南省红河哈尼族彝族自治州及下属的多个县均出版了哈尼文报纸；红河哈尼族彝族自治州哈尼语影片的译制工作也从 1964 年开始，一路走过同声翻译、翻译电影剧本、涂磁录音播译电影等发展阶段，将一个新奇而丰富的世界展现在更多哈尼人的眼前。

文化影响力是一种“软实力”，除了需要时间的积淀，还需要坚持不懈的努力。哈尼梯田申报世界文化遗产，是红河文化打造的最大一张“世界名片”。历经 10 年，2012 年红河哈尼族彝族自治州委、州政府再次提出重启申遗程序，州长杨福生亲任申遗领导小组组长，通过调整充实工作班子，在省委、省政府的全力支持下，终于传来喜讯：红河哈尼梯田已被国务院确定为 2013 年中国申报世界文化遗产的唯一项目。天地悠悠，红河奔流，山水为形，文化为魂，气势磅礴的哈尼梯田所展现的瑰丽画卷，终将让世人认识其独有的哈尼文化魅力。

第四节　人口发展从数量增长到民族繁荣

发展是历史赋予时代的使命。但发展什么、如何发展，则取决于人们的认识。长期以来，我们往往容易把人口数量的增长等同于人口发展，因而走入发展的误区。其实人口发展绝不是简单的人口增长。按照人口学教科书的解释，“人口发展是指人口总体的运动变化过程，这一过程包括多个层面：从变动的性质看，可分为自然变动、迁移变动和社会变动；从变动的内容看，可分为数量变动、素质变动和结构变动。”可见，那种把人口变动归结为人口数量的增减变化的认识显然是片面的，它会使我们落入“人口数量决定论”的陷阱，无助于我们客观认识和全面把握现实人口问题。现代的人口观早已走出了“人多势众”的时代，这对哈尼族人口来讲同样如此。

据“六普”数据显示，哈尼族以163万人口规模列居云南省15个独有少数民族的第二位，但鉴于哈尼族妇女生育率的持续下降，人口增长态势将呈现不断减缓的变化格局。我们期望，伴随当代哈尼族地区经济社会的发展，哈尼族传统生育观念还将进一步转变。在哈尼族人口数量得到有效控制的同时，其人口素质能够不断提升，文盲半文盲人口能够进一步减少，性别结构失衡现象能够逐渐回归正常，年龄结构不至于加速老龄化，人口城镇化水平持续提高。那么，如何通过人口的全面发展来促进哈尼族社会进步与民族繁荣，这无疑是时代赋予我们的新挑战。

从人口演进的历史过程来看，可以把人口发展划分为传统和现代两种类型，并主张从观念变革入手来促动传统人口发展的现代转型。具体应遵循如下三个原则：

一是由单纯的“人多力量大”的传统观念转变为“科技力量大”

的现代观念。即由单纯看重人口规模实力的传统观念转变为注重“人均”实力的现代观念。在这方面，哈尼族人口数量增长势头虽然放缓，但与全国平均水平比较，哈尼族人口素质还存在明显差距，需要加快提升。

二是由一味遵从“早生多生”传统生育观转变为追求“少生优生”的现代生育观。在这方面，哈尼族的人口再生产模式已经呈现可喜的转变态势，即正在由传统的“高出生、高死亡、低自然增长”类型向现代的“低出生、低死亡、低自然增长”类型转变。

三是由传统的“封闭人口”转变为现代的“开放人口”。即鼓励人口在区域间的有序流动，尤其是鼓励农业人口的非农转移与城镇集聚，而对于已不适宜居住的山区，实施移民搬迁工程，实现人口在空间上合理分布。与此同时，积极创造条件，吸引各类人才到哈尼族地区安家落户。

哈尼族和其他民族一样，需要充分认识自身所处的时代环境，以积极的心态面向未来，把握发展机遇，用好用活国家各项政策，积极推动哈尼社会的发展。

第五节　励精图治　边陲发展求新政

云游四方的古代氐羌族群，为了生存追逐着阳光、追逐着梦想，从它们最初的栖息地出发一路南迁，走过风吹草低的牧野，穿过空气稀薄的高原，历尽迁徙的千辛万苦，在距今 1700 多年的时候，进入了彩云之南这片森林密布的红土高原，在这里，其中的一支以“哈尼”这一新的身份认同集聚在一起，重新开始书写本民族发展的壮丽篇章。

也许是战乱的噩梦尚完消散，也许是自然的魔力让他们只能屈从，在长期的生存发展过程中，哈尼族始终栖息在滇西南的崇山峻岭之中，

由于交通闭塞，社会经济文化落后，在中原朝代更迭的风云变幻间，得以安居山中，以自己的方式繁衍生息。

哈尼族隐秘宁静的生活，在元兵的铁骑之下被完全打破。随着元朝在哈尼族地区设立土司制度，哈尼族社会的发展开始并入整个国家社会发展的轨道，从此，中原文化开始进入曾经封闭自我的哈尼族世界。

始于元朝的哈尼族土司制度一直延续到明清，并在明朝得到了进一步的完善。土司制度既是中央王朝政权的组成部分，又是中央王朝在哈尼族地区统治的延伸。为了保障土司制度的顺利推行，接受中央王朝所代表的中原文化就成为必需，中央王朝甚至以制度的方式强迫哈尼人接受中原文化。比如，清朝初年，清政府颁布了云南土司世袭的办法，规定土司的袭位者和其他子弟必须到学校接受中原文化的教育。从土司的角度来说，接受中原文化也是其实现统治的需要，作为中央王朝统治哈尼族地区的执行者，土司必然要在思想上与中央王朝保持一致。

于是，自上而下的，哈尼族土司也开始重视发展中原文化教育，培养和选拔封建统治需要的人才，有意识地对哈尼族文化的发展加以引导。据《哈尼族简史》记载，明永乐十一年（1413 年），哈尼土司龙者宁入贡京师，瞻仰首都先进文物盛况，并得参与明成祖亲临的端午盛节。哈尼土司返乡后，每年也如期举行汉族的端午盛典。明万历时期（1573～1620 年），哈尼土司龙上登赴京受职，逗留京师，遍访名宿，学成归来，癖爱汉文典籍，兴学校，建文庙，亲撰碑文，论述孟子学说。至明末，龙土官的女儿也懂汉文典籍，工写花卉翎毛山水。由此可见，哈尼族受汉族文化影响之深厚可见一斑。

哈尼人居住的哀牢山和无量山区群山如壁，交通不便，但是，山区以南，山势逐渐趋缓，多条驿道四通八达，群山阻不断跨境而居的哈尼人探亲、经商的渴望，哈尼人聚居区与今天的缅甸、老挝等地，都有驿道相连。再往后，驿道也开始向北延伸，今天的昆明、玉溪、建水、红河、墨江、普洱、西双版纳……慢慢地从阻断变得相连，又从相连开始织就一张不断铺展的网络。网络中，商旅贩入先进的农具和各种用品，运出当地的农副产品及手工业产品，茶叶、盐巴……这些日常生活中不可缺少的用品伴随着南来北往的旅人，为哈尼族地区带来了新的思想和新的观念，外来文化的传播在这片曾经被阻隔、被遗忘的土地上成为不可逆转的事实。

明洪武二十二年（1389 年），中央王朝在哈尼人聚居区设立临安（今红河哈尼族彝族自治州建水）府学，设立考棚。洪武二十六年（1393 年），又“置元江府儒学”。明末清初时，私塾开始在哈尼族地区出现，并很快在当地遍地开花。私塾多由哈尼族官绅富户聘任内地汉族担任塾师，以私人房舍设堂教学。一般一间私塾只有一名塾师，学生人数不等，从几人到一二十人皆有。教材以《三字经》、《百家姓》、《千字文》、《幼学琼林》等为主。塾师筹金由学生家长共同负担，每年每生交 3～5 石稻谷，每逢节日，须给塾师送贽敬，以示尊师。到民国时期，更形成了学堂、义学和私塾以及新学等几种办学模式并存的局面，使更多的哈尼族子弟有机会到学校接受中原文化的教育。中原地区教育模式的引入，使中原文化对哈尼族文化和社会产生了广泛的影响。比如，哈尼族一直沿袭着的古老习惯法《牛宗乡规》从清朝开始，就用汉文刻在石碑上，以规范人们的行为。

此外，始于汉晋、在元明清时期大量出现的屯田制度，使偏居一隅的云南出现了从内地迁移而来、垦荒繁殖的大量汉族人口，这些汉族移民在带来了中原先进的农业生产工具、技术和经验的同时，也从文化和思想上深刻地影响着当地的土著民族，这其中，自然也包括哈尼族。也是从这个时候开始，随着汉族人口开始在云南逐渐占据多数

的地位，云南的土著民族逐渐成了少数民族。

汉文化对哈尼文化的影响是多方面的。比如，在经济生活方面，哈尼族地区的生产工具如犁铧、锄头、镰刀、斧子等铁制农具过去全靠内地的商人输入，直到近代哈尼族中才出现少量专门的铁匠，远远不能满足生产生活之需，大量的铁农具还得从内地运进；在语言方面，伴随着会说汉语的哈尼人越来越多，在哈尼语中汉语借词也越来越多，“筷子”、“眼睛”、“打劫”、“耽搁”、“骡子”、“铜毫”、“街子”、“马掌”等词都是从汉语而来；文化教育方面，除了汉族塾师进入哈尼地区传授汉学之外，明清以后，哈尼族人也开始到内地汉族地区学汉文化，特别是一些富家子弟，那种感觉不亚于我们今天的“留学”。还有我们前面也已经说过的哈尼族父子连名制也是从明朝开始，汉姓越来越多地取代了父子连名的取名方式。

面对全球化大潮的涌现，封闭的大门一旦打开，就再也无法关上。外来文化、技术和思想的涌入，开始深刻地改变着哈尼人数千年来一直延续的生活模式。这样的改变自然不可能是一蹴而就的，也不可能是各地区同步进行的。一般而言，社会经济发展快的地方受汉文化的影响要大些；反之，社会经济发展慢的地方受汉文化的影响就要小些；交通便捷、平时与外来族交往频繁的，就较容易受汉族先进文化的影响，而生活环境封闭、与外来民族交往不多的，受汉文化的影响就相对要小一些。譬如，居住在元江县和墨江县的哈尼族，由于在周边环境和交通方面更具有优势，因此就要比居住在江城、绿春等边境县的哈尼族更加开放，在他们的生产生活中更多地接受了汉族文化元素。

第六节　三城联动引领“红河”新跨越

在全国城镇化加速呈现的态势下，各地开始关注城市间的联手发展。蒙自、开远、个旧三县市地处云南省红河哈尼族彝族自治州中部，相距半径不到50公里，是红河哈尼族彝族自治州经济、政治、文化发展中心，工农业总产值占全州的52%，工业总产值占全州的61%，2008年年底聚居总人口已突破100万人，约占全州人口总数的1/4。历经多年发展，三个县城不断扩展，在空间上越来越聚拢，为此，州委和州政府顺应时势，提出了“个（旧）、开（远）、蒙（自）城市群”建设构想。力求通过城市重组做强做大红河哈尼族彝族自治州城，强化全州城市核心区以及昆河经济走廊，使之成为滇越国际大通道的中心点和重要枢纽，在参与云南面向西南开放的“桥头堡”建设中能够扮演更重要角色，发挥更大作用。

事实上，红河哈尼族彝族自治州历史上就是云南对外开放的前沿，与东南亚各国的经济文化交流可追溯到2000多年前的秦汉时期，1993年5月和11月，河口、金水河两个国家一类口岸开通，随着交通基础设施的不断改善，特别是昆明至河口口岸全程高速化，以及昆明至河口电气化铁路将于2012年全线建成和云桂铁路的开工，为现代化物流业的发展提供了良好条件，红河哈尼族彝族自治州将成为云南省三大物流中心区。河口、金平、绿春三县与越南接壤，河口口岸贸易额达10亿美元、贸易量达200多万吨、出入境人数近400万人次，是云南省最大的陆路口岸，随着中国东盟自由贸易区、中越“两廊一圈”战略和党中央、国务院将云南省建设成为中国向西南开放重要桥头堡的规划，将使河口跻身中国陆路口岸贸易量前4位。

红河哈尼族彝族自治州有着丰富的资源优势。有高海拔、低纬度的特征，其中有7500平方千米属北亚热带，适宜各种作物生长，堪称“天然动植物王国”，被誉为“滇南生物基因库”；处于滇中、滇东南、三江三大成矿带交汇地，矿产资源丰富。以锡为主的有色金属在全省、全国乃至世界上均占有重要的地位，以煤炭、优质锰、金银为主的能

源、黑色金属以及贵金属等矿业在全省具有较大的产业优势。个旧市是世界闻名的锡都，开远市是云南省重要的能源基地之一，全州资源分布广泛但又相对集中，州境北部的弥勒、泸西、开远是以煤、大理石为主的能源、建材、矿产集中区。中部的个旧、蒙自、石屏、建水是以锡、铜、铅、锌、锰等为主的有色、黑色和贵金属矿产集中区。南部的金平、元阳、红河是以金、铜、镍、石膏、大理石等为主的贵金属、有色金属、建材非金属等矿产集中区。目前，红河哈尼族彝族自治州已探明矿产资源潜在价值达 2.5 万亿元，占全省的 28%。在巩固烟草产业的同时，红河哈尼族彝族自治州将以冶金、能源和煤化工产业为突破口，不断推进新型工业化进程，力争到 2015 年实现工业总产值 2000 亿元，使第二产业的比重达到 60%，步入工业化的中期阶段，建成世界最大的锡、铟、铟生产基地；有丰富的旅游资源。已开发出溶洞温泉康体休闲游（昆明—泸西—弥勒—昆明）、边地中原文化古镇风情游（昆明—建水—石屏—昆明）、商务生态休闲出境游（昆明—蒙自—屏边—河口—昆明）、康体休闲商务异国风情游（昆明—泸西—弥勒—蒙自—河口—昆明）、梯田民俗文化探寻游（昆明—建水—元阳—红河—昆明）5 条旅游线路，以及元阳梯田、红河谷、滇越铁路三大旅游产品。

红河哈尼族彝族自治州是云南省工业经济和绿色经济的重要支柱、综合能源和冶金材料基地，是云南国际大通道的重要枢纽，桥头堡建设的前沿和门户，有着非常重要的战略地位和经济地位。同时，红河哈尼族彝族自治州也是云南省最具特色和魅力的旅游度假胜地之一。截至 2012 年年底，红河哈尼族彝族自治州主要经济指标在全省 16 个州市中名列第 4 位，财政收入指标在全国 30 个少数民族自治州中居首位。

如今，个（旧）、开（远）、蒙（自）三城的联动发展已进入实施阶段，三市半小时经济圈也已经形成，正成为云南省继滇中城市群之后的滇南城市群，是昆明和越南河内两大城市的桥梁纽带，其城市带动效应十分明显。可以相信，随着个（旧）、开（远）、蒙（自）城市群雏形初现，其所形成的巨大能量必将引领红河哈尼族彝族自治州实现经济社会发展的新跨越。

第七章

面向“桥头堡”战略的哈尼族发展前景

第一节　历史机遇的再认识

如果以 1949 年新中国成立为起点，那么可以说，在过去 60 多年的时间里，哈尼族与全国各民族人民一道共有过三次大的历史机遇。每一次历史机遇都不同程度地促进着哈尼族社会的发展。

第一次历史机遇就是 1949 年新中国的成立。因为正是从那时起，哈尼族与全国各族人民一道摆脱了受奴役、受压迫的剥削制度，在中国共产党的领导下迎来了前所未有的平等发展新机遇。在广大农村建立了基本医疗合作社，发展乡村学校教育，即便在偏远的民族山区都开设了小学教学点。

第二次历史机遇无疑始于 1978 年的改革开放。华夏大地迎来了改革开放的大潮，长期封闭的哈尼族地区也如沐春风，农村联产承包责任制实施激发了农业劳动生产率，市场经济的建立促进了商品生产与流通。哈尼族与全国各族人民一样，迎来了史无前例的发展良机。这一时期国家不仅在许多政策上给予少数民族优惠，而且在少数民族地区安排了一系列的重点工程，帮助民族地区发展经济。譬如，在少数民族地区架设输电网线，修建铁路、机场和公路。这些都促进了广大民族地区的发展。尤其是1987年开始的声势浩大的“扶贫攻坚”战略，更是使广大少数民族地区直接受益。许多少数民族村寨从此告别了封闭落后、不通电、不通路的日子，生产生活都得到了明显改善。当然，这次机遇对城市、城镇和城郊县区的促动与影响远大于偏远的少数民族山村，从而使城镇与少数民族山村尤其是像哈尼族这样聚居在偏远山区的少数民族地区的发展差距拉大了。这也启示我们，少数民族地区的经济发展要想迎头赶上全国平均水平，还需要加大关注与扶持力度，要给予持续的、更加特殊的政策关照。

第三次历史机遇出现在世纪交替之际。2000年中共中央、国务院联合作出“西部大开发”的战略部署，这对长期发展滞后的广大西部地区的少数民族来讲，无疑又是一次千载难逢的加速发展机遇。诸如“西气东输”、“西电东送”等一系列大型项目都相继动工建设。国家在财力物力方面加大投入力度，积极支持西部民族地区加速发展。哈尼族地区也开始立足本土，利用自身资源谋求发展。例如，素有“哈尼山乡”之称的绿春县，哈尼族人口占全县总人口的88%，为全国哈尼族聚居度最高的县。绿春县虽然地处云南省最南端，与越南接壤，是国务院确定的首批重点扶持县，但该县积极抢抓国家西部大开发的历史机遇，按照国家扶贫开发，云南省委、省政府“兴边富民工程”和红河哈尼族彝族自治州委、州政府南北分类指导的要求，坚持科学的发展观，不断深化县情认识，确立了“绿色产业富县、电矿产业强县、哈尼文化生态县”三大目标，强力培育“水电、矿冶、生物、旅游”四大产业，经济社会呈现出超常规、跨越式发展的良好势头。

当然，应该清醒地认识到，任何民族的真正繁荣与发展都必须最终建立在该民族自身的内在努力之上，而不能总是依靠“输血”式的外在动力。实践证明，各民族的繁荣与发展固然应该抓住历史机遇，

但不能等待，更不能依赖机遇，而应该努力把每一次外在的机遇转化为内在的发展驱动力，变“要我发展”为“我要发展”。哈尼族地区的发展必须以促动哈尼族人口自身的发展为宗旨，这就需要以改变人的思想观念为根本，以提高人的科学文化知识为主导，才有可能促进民族地区的快速发展与持久繁荣。

在当代全球化态势下，任何民族都不可能独善其身，封闭导致衰落，开放带来繁荣。只有敞开胸怀，主动与世界对接，才有可能不被发展的世界抛弃，才有可能在竞争中赢得优势，矗立于世界民族之林。但民族地区的发展不可能整齐划一，亦不应该千篇一律，尤其不能总是跟在别人背后亦步亦趋，鉴于此，民族自觉与民族自强意识的确立显得尤为重要。

第二节　风从东南西北来

进入21世纪，伴随改革开放的持续深入，云南哈尼族正在迎来第四次发展“机遇”。云南省委八届八次全会确立了建设“中国面向西南开放桥头堡”的发展规划，云南的“桥头堡”定位正式成为国家级的发展定位。2011年5月6日，国务院批准并出台了《国务院关于支持云南省加快建设面向西南开放重要桥头堡的意见》，并从五个方面明确提出了发展战略定位。由于哈尼族聚集区多位于内地通往南亚和东南亚的国际大通道上，因此“桥头堡”战略将长期处在发展边缘或利益末端的哈尼族地区直接推到了发展的最前沿，只要展开胸怀，顺势而为，就完全有可能促动哈尼族地区经济社会的大发展。

以哈尼族聚居的滇南红河哈尼族彝族自治州为圆心，可以看到，整个红河哈尼族彝族自治州以红河（元江）为界，分北部地区和南部地区，东面属于滇东高原区，西面为横断山纵谷的哀牢山区。哀牢山沿红河南岸蜿蜒伸展到越南境内，为州内的主要山脉。北回归线穿越个旧市、蒙自市、建水县。河流分属红河、南盘江水系，主要支流有李仙江、藤条江、南溪河、曲江、甸溪河等。湖泊有异龙湖、赤瑞湖、三角海、大屯海和长桥海。蒙自、个旧、开远三市作为全州人口聚集区和主要经济发展区，已经形成三市半小时经济圈，正成为全省继滇中城市群之后的滇南城市群，是昆明和越南河内两大城市的桥梁纽带，有着十分明显的城市带动效应。

在红河哈尼族彝族自治州东面是文山壮族苗族自治州，该州也是少数民族聚居州，经济社会发展综合实力明显不如红河哈尼族彝族自治州，但因没有高山阻隔，交通条件相对较好，而且再往东，就可经广西壮族自治区的百色地区，随后通向广西壮族自治区首府南宁市。因此，广西作为经济社会发展较好的西部省区，对文山壮族苗族自治州和红河哈尼族彝族自治州的发展有密切影响，尤其是广西南部的防城港濒临北部湾，是距云南省最近的出海港口，具有非常便利的物流运输条件。红河哈尼族彝族自治州可利用这一出海通道向东拓展，促进本地经济发展。

红河哈尼族彝族自治州南面与越南接壤，拥有河口、金水河两个国家一类口岸开通。在加强大通道及口岸基础设施建设过程中，红河公路大桥、河口电气化铁路、河口公路口岸和北山国际货场相继建成，有力地助推着口岸大通关和“桥头堡”建设。近年来，红河哈尼族彝族自治州通过举办中越（老街）国际贸易交易会，促进全州与越南的交流合作。2011 年第十一届中越（老街）国际贸易交易会于 11 月11～16 日在越南老街省老街市沿海金城商贸工业区会展中心成功举行。本次交易会共设置了 700 个展位，有近 300 家企业和客商参会参展，其中中方 112 家，越方 179 家；整个边交会销售额达 7800 万元人民币，有 12 万人次参观购买；交易会期间签约项目 19 个，签约金额达 2 亿美元，同比增长48%。

红河哈尼族彝族自治州西面是普洱市，由于被大山大河阻隔，形成红河哈尼族彝族自治州与普洱市的天然屏障，因此红河哈尼族彝族自治州向西发展非常不容易，只有同处在哀牢山区的景东县、镇沅县和江城县等几个哈尼族聚居县，与红河哈尼族彝族自治州交往较多。因此，向西发展是红河哈尼族彝族自治州的一个瓶颈。

红河哈尼族彝族自治州北上则是经济较为发达的玉溪市，并直接通达云南省会昆明市。由于北面经济社会发展已经具备的明显优势与辐射作用，将成为带动红河哈尼族彝族自治州发展的最好面向。伴随昆玉铁路向蒙自的延伸，必将为红河哈尼族彝族自治州带来更大更好的发展良机。

第三节　未来发展的新思路

党的十八大报告明确提出：“要坚持以经济建设为中心，以科学发展为主题，全面推进经济建设、政治建设、文化建设、社会建设、生态文明建设，实现以人为本、全面协调可持续的科学发展。”对于发展相对滞后的哈尼山乡，这五项“建设”并进的任务显得更加艰巨，但只有正视困难，奋起直追，才有可能开创更加美好的前程。

首先，哈尼族聚居地区基本上还是农业社会，农业从业人员比重大，非农产值占比小，科技教育不发达，人们的生产生活方式仍然带有较多的传统元素。要改变这一面貌，必须在哈尼族地区积极推进工业化、城镇化和农业现代化，走“以工促农、以城带乡”的发展新路。当然，这需要结合当地的资源禀赋和人文积淀，梳理发展优势、找准发展路径。譬如，充分利用哈尼族地区的山水风光、民族风情，开发民族文化旅游资源，创建民族文化旅游产业，这是转变单一产业结构的最便捷途径。

在这方面，元阳县已经做出了榜样，该县自从利用蔚为壮观的哈尼梯田开展旅游业以来，每年都能吸引了数以万计的游客慕名而来，观赏如诗如画的哈尼梯田、体验原汁原味的哈尼民俗，由此在将哈尼山水风光与民族文化传向大山以外的同时，也给当地哈尼人家带来了可观的经济收入，改变着哈尼农户的生产生活面貌。将梯田旅游做成产业，甚至支柱产业，这在以往是不可想象的，但在今天却变成了事实。为了让更多的世人了解哈尼梯田，走进哈尼山寨，体验哈尼民风，近20年来，元阳县政府看准旅游业的发展前景，努力向世界推出自己，尤其是以“红河哈尼梯田文化景观”的形象整体打包，全面提升品质，为哈尼山乡打开了一条与世界对接的通道，目前正在积极向2013年世界文化遗产名录申报做最后的准备。

其次，哈尼族聚居地区远离经济社会发达的中心城市，又受自然地理条件的限制，很容易形成自我封闭的发展格局。要打破这种格局，就必须坚持改革开放，勇于迎难而上，抢抓机遇。譬如，“桥头堡”国家战略的实施必将在哈尼族聚居的山乡形成诸多发展触角，如果能够因地制宜、积极推进小城镇建设，就能够改变封闭格局，带动哈尼山乡的农业产业化、人口城镇化和社会现代化。

哈尼族地区城镇化水平低，聚居区内最大的城镇就是个旧市和开远市，其余都是些散落在大山中的小县城，城镇功能单一，人口聚居有限。这本身也是符合当地实际的，因为哈尼族聚居的哀牢山区山高谷深、沟壑纵横，受地理环境条件限制，不可能像平坝一样形成人口大规模聚居的城镇，除了个（旧）、开（远）、蒙（自）城市群的组团发展以外，若要想在短期普遍发展大城市显然不现实。然而，如果能够从“小”做起，以散布在大山里的哈尼乡镇为基础，推动乡镇一级的小城镇建设，强化当地小城镇的人口集聚功能、培育小城镇的非农

产业实力，同样可以有效地实现当地人口的非农转移和就地集聚，从而使星罗棋布的小城镇在哈尼山乡大放异彩。

最后，哈尼族聚居地区长期贫穷落后，其中一个原因就是缺乏自我发展的资金推动。为此需要创新发展思路，充分调动各方面的积极性。一方面应加大政策扶持力度。譬如，云南省委、省政府对正在开展的“兴边富民行动”进行政策调整，针对地处边疆但不接边的红河、元阳、屏边三个民族边疆县，提出了让三个县参照“兴边富民行动”计划，进行先行先试的建议。将三县纳入扶贫攻坚重点县，在人财物多方面给予支持。2009 年，上述三个县被红河哈尼族彝族自治州确定为非边疆县的重点扶持县，州财政从 2009 年起每年给以上三个县各补助 50 万元项目资金，以解决发展资金缺乏的困境。仅此一项，对推动哈尼族聚居县的发展无疑是非常给力的。

另一方面，除了争取政府的资金支持以外，创新合作机制，积极招商引资，也是非常必要的。同样是保护和开发哈尼梯田景观，元阳县与云南世博集团合作，由世博集团投资，将当地最具观赏价值的梯田景观进行整体策划，提升品质，充实内涵，规范服务，打造精品旅游景观。这样的合作必将使“宛如壁画挂山腰”的哈尼梯田不仅扬名全国，而且更多地吸引世界的目光。

最后，哈尼族聚居山乡又是一个融自然风光与民族风情于一体的神奇之地。世代繁衍栖息于斯的哈尼人用勤劳与智慧向世界奉献出一份珍贵的“非物质文化遗产”。在人与自然矛盾冲突不断升级的当代，哈尼山乡展现出的“天人合一”生存之道，无疑是我们倡导“生态文明建设”的一个活样本。仅此，就值得世界向哈尼族学习。如此而论，保护与传承本身就是一种发展。

总之，生存与发展是人类社会必须面对的永恒主题，任何国家和民族都概莫能外。只是具体到不同时空条件限定下的不同民族，其生存环境与发展条件总会有所差异，因而具有此时空不同于彼时空、本民族有别于他民族的特定性。既如此，发展模式势必会各有侧重。说到底，哈尼族发展的新思路就蕴藏于哈尼人自身的认识创新与实践变革之中，而哈尼族的似锦前程最终只可能出自哈尼人对美好未来的不懈追求与创造之中。

巍巍的哀牢山延绵千里，托举着哈尼人的梦想直上云霄；滔滔的红河水日夜奔腾，承载着哈尼人的希望一路向南。祝愿新一代的哈尼人承前启后、与时俱进，奋力开创幸福美好的明天。

后记

记得是在两年前的一个午后，我正在教室与学生们讨论问题，手机电话铃声响起，查看显示是来自北京的号码，不觉有些疑惑，接通后，中国人口出版社的何军编辑自报家门，并直截了当地表明意图，说借第六次全国人口普查数据公布之际，准备编撰出版一套《中国少数民族人口丛书》，正在全国征寻适合的撰稿人，问我是否愿意承担《哈尼族》书稿的撰写工作，我并未多想就欣然应诺。在当时，这种当机立断的“底气”主要源于两个方面：一是我作为土生土长的云南学者，对哈尼族这一云南特有的少数民族的认识自然具有近水楼台的优势，云南学者研究云南的少数民族也是我不容推辞的学术使命；二是我长期从事人口学专业的科研，在少数民族人口研究方面有着较为深厚的学术积累，对哈尼族人口也做过一些专项研究，并有专著和公开发表的论文，因此自认为承担该书稿的写作应是轻车熟路。

然而，当随后的撰稿提纲与写作要求发来后，我才感到并不如我想象的那样简单，其中最大的挑战来自两个方面：一是要求“重文学性、去学术化”，即尽可能用生动的文学语言来表述少数民族人口的生产生活风貌与经济社会变化，这对习惯于用学术语言阐释民族人口现象的撰文范式的我一时有些难以适从，尤其是人口分析的看家本领就是靠数据观测说话，本书却要求不用图表，纯粹用文字阐述，我就更不知道该如何下笔了；二是强调“厚今薄古”，即重在展现当代少数民族人口的新面貌和新变化，而我以往关于哈尼族人口的研究成果就显得陈旧了，不可能直接大量用于本书稿。于是萌生退意。但在与编辑反复沟通，并将初步完成的第一章提交后，对方还是希望我能够承担本书的撰稿，于是，我也就恭敬不如从命，一方面努力转换行文风格，尽可能以文学化的语言来阐述当代哈尼族人口的特点与变化；另一方面邀请云南大学人文学院的晋群副教授共同撰稿，她良好的语言文学功底和敏锐的新闻传播视角，是对我职业写作偏向的最好校正。

在历时一年多的艰辛创作过程中，我与晋群尽了最大的努力，并得到了多方面的鼎力支持与悉心帮助。至此书稿出版之际，谨表达我们的敬意与谢忱！首先，感谢中国人口出版社的何军编辑，每次与何军编辑的电话交流或邮件往来，都能给我们莫大的关怀和一些具体的指导，可以说，本书得以完成，自始至终都离不开何军编辑的鼎力支持与全程督导。其次，感谢云南省民族事务委员会文化宣传处，该处专门安排哈尼族方面的专家，从民族政策及法律法规的角度认真审读了此书，并出具了相关证明。第三，非常感谢王超等照片拍摄者及广东集成图像有限公司提供的一幅幅生动写实的照片，这些穿插在文稿中的照片，犹如绿叶中绽放的红花，使本书大为增色。接下来还要感谢本书撰写中参考和引用过的所有前辈著述及文章，恕我们不能在此一一列出，但本书的出版正是在吸纳前辈们相关论述的基础上得以呈现的。最后要感谢身边的许多同事和亲朋好友，他们是徐晓勇、李晓丹、戴波、郑猛、秦开强，虽然没有直接参与书稿撰写工作，但每一次专题研讨和每一份文献收集都离不开他们的奉献与支持。

完成这本《哈尼族》书稿的撰写任务，对我们来讲，无疑是一次

全新的学习过程与认知体验，同时更深深感到，哈尼族历史之源远流长，哈尼族文化之博大精深，绝非这样一本小书可以穷尽的，尽管我们心怀敬畏，并力求全面而深入浅出地展现当代哈尼族人口的民族风貌与发展变化，但是否做到了，广大读者将是最好的评阅人。

罗　淳